IRRÉVERSIBLE, MA VIE, UN COMBAT

Publishroom, 2016
www.publishroom.com

ISBN : 979-10-236-0153-4

Emmanuel Siaux

IRRÉVERSIBLE, MA VIE, UN COMBAT

publishroom

Table des matières

L'ACCIDENT

Il était trois heures du matin, c'était le 22 février 2013, le réveil sonnait. Il était l'heure de se lever et d'aller servir et représenter la République. Comme tous les quinze jours, le vendredi matin, je me transformais en oiseau de nuit. Je me rendais au commissariat central de Toulouse pour enfiler mon habit de lumière, ou plutôt ma tenue de motocycliste de la Police Nationale. Je rejoignais les effectifs de police prévus pour le contrôle d'alcoolémie, et nous partions tous ensemble vers un point bien précis pour installer le dispositif.

Ce matin-là, comme beaucoup d'autres matins, notre point de chute était aux Ponts-Jumeaux, un très bon endroit pour cueillir les délinquants de la route alcoolisés. Ma mission était simple, enfin quand je parle de ma mission, c'était plutôt la mission du motocycliste : il s'agissait de poursuivre les vilains automobilistes qui refusaient de se soumettre au contrôle, ou carrément fonçaient sur le barrage de police. C'était une mission que j'aimais particulièrement. Il était très rare d'ailleurs, sur une matinée, de ne pas essuyer au moins un refus d'obtempérer. C'était une sorte de jeu pour moi, qui provoquait une petite montée d'adrénaline qui me mettrait en forme pour la journée.

Il était cinq heures du matin, aucun retard sur la mise en place, et nous voilà partis pour le début des festivités. Tout était normal, la routine. Les premiers véhicules se présentèrent, et les conducteurs soufflèrent chacun à leur tour. Nous partîmes en chasse à deux reprises ce matin-là, pour deux automobilistes pressés et ne voulant pas, bien entendu, être contrôlés. Ce matin-là, nous avions gagné, et même touché le jackpot : les deux fuyards n'étaient pas seulement pressés, mais aussi alcoolisés. Nous avions réussi, avec mon collègue, à les intercepter et à les faire revenir gentiment au point de contrôle. À vrai dire, ça ne se passait pas toujours comme ça, mais ce matin-là, c'était parfait.

Nous avions, avec l'ensemble des effectifs, mis fin aux contrôles plus rapidement que prévu, car ce matin-là était spécialement « alcoolisé » et nous devions ramener nos prisonniers au commissariat, afin de traiter dans les règles de l'art les procédures délictuelles.

Ayant rencontré deux refus d'obtempérer, nous avions décidé de faire une procédure pour soulager nos collègues, car comme je le disais auparavant, les motocyclistes ont une mission principale lors des contrôles d'alcoolémie : celle de prendre en charge les véhicules en fuite. Bien entendu, si les conducteurs prennent trop de risques, nous avions pour instruction de les laisser plus ou moins filer, en annonçant leur progression et en nous contentant de relever simplement leur plaque d'immatriculation. Vous comprendrez que pour nous c'était assez frustrant de laisser partir un véhicule, mais parfois les autorités avaient raison, le jeu n'en valait pas la chandelle.

Il était neuf heures, notre procédure était terminée, nous avions pris un bon café à l'accueil du commissariat et nous étions prêts à enfourcher à nouveau nos motocyclettes pour patrouiller et aller surveiller notre « Ville Rose ». Il faisait froid mais très beau, une belle journée s'annonçait, et pourtant ce qui allait se produire allait changer ma vie.

Ma fin de service était très précise, dix heures cinquante minutes – et oui, nous sommes très précis dans l'administration ! Il était dix heures trente, l'heure de rentrer. Nous décidâmes, avec mon collègue, de regagner le quartier général pour notre fin de service. Nous étions détendus et contents d'avoir passé une matinée sans embûches. Nous nous trouvions à deux minutes du commissariat et je décidai d'emprunter la ruc Salambô, une rue qui m'était familière, car je la choisissais très souvent pour rentrer au commissariat. Pour tout dire, je la connaissais par cœur, c'était une rue prioritaire, à droite comme à gauche, avec une succession de rues qui la coupaient. Les automobilistes qui circulaient sur les rues perpendiculaires devaient être très attentifs avant de couper la rue Salambô, surtout que la visibilité n'était pas toujours bonne. Je savais pertinemment que cette rue était dangereuse, et c'est pour cela que je redoublais de vigilance lorsque je l'empruntais. Je ne comprenais pas d'ailleurs pourquoi, dans cette rue, il n'y avait que des cédez-le-passage et non des stops. Pour moi qui étais un professionnel de la route, il était inconcevable de ne pas faire marquer un arrêt total et obligatoire pour passer ces intersections en toute sécurité. Je savais que, pour que les services de la mairie de Toulouse chargés de la signalisation routière et du réseau routier bougent, et commencent à se rendre compte qu'il y avait un problème, il aurait fallu quelques morts et quelques blessés graves, comme partout en France d'ailleurs.

Je connaissais pratiquement toutes les rues de Toulouse et je ne pouvais que constater, impuissant, que les infrastructures étaient largement inadaptées et devenaient de plus en plus dangereuses pour nous, et tous ces automobilistes, motocyclistes, cyclistes, piétons, en pleine recrudescence. Pour contenter tout le monde, la mairie de Toulouse et ses services de voierie nous sortaient des choses hallucinantes tous les jours. Par exemple, dans des rues très étroites et à sens unique, ils arrivaient à créer des pistes cyclables, et tenez-vous bien, en sens inverse de la circulation, une aberration ! Ces gens-là se trouvaient sûrement dans une impasse et voulaient faire plaisir à tout le monde. Très politique bien sûr, car si vous arriviez à satisfaire autos, vélos et piétons, tout le monde serait content et beaucoup plus de monde se retrouverait aux urnes pour réélire l'excellent maire en place, qui faisait bouger sa ville, n'importe comment, mais qui la faisait bouger. Tant pis pour les transformations stupides et inadaptées, tant pis si cela rendait la ville dangereuse, tant pis pour les futurs accidents, tant pis pour les prochains blessés, tant pis pour les prochains morts. Ils comprendront peut-être un jour qu'ils ont commis des actes criminels en créant tout et n'importe quoi de façon inadaptée. Pauvre Baron Haussmann, il doit se retourner dans sa tombe, lui qui avait anticipé avant tout le monde l'arrivée de tous ces véhicules, et qui avait créé de grands espaces et de grands boulevards, afin de faciliter les déplacements et afin que tout le monde puisse trouver sa place à l'avenir...

Je me souviens, quand j'avais été muté en janvier 2002 de la capitale à Toulouse, les premiers tours de roue sur ma motocyclette administrative avaient été très surprenants. Je glissais régulièrement et j'avais vite compris que dans la Ville Rose tous les marquages au sol étaient très glissants et très dangereux pour les deux-roues. Encore une absurdité dans le choix de la peinture, car il existait pourtant des peintures adhérentes, comme celle, très efficace, qui était employée dans les rues de Paris. Mais à Toulouse, on avait encore sûrement un crétin qui avait signé un marché avec une maison de peinture sans s'assurer des caractéristiques techniques, et sûrement pour un bas coût aussi, sauf que l'on ne peut pas se permettre de petites économies quand il s'agit de la sécurité des usagers de la route. Je suis persuadé que des glissades et des accidents auraient pu être évités si un choix judicieux et réfléchi avait été fait.

Ce jour-là, arrivé à hauteur de la première intersection, c'est-à-dire au croisement de la rue Salambô et de la rue Reyer, j'eus la désagréable surprise de voir surgir un automobiliste devant mes roues, qui n'avait pas respecté la signalisation routière l'informant de me laisser la priorité. Il circulait rue Reyer, une rue sur ma gauche qui coupait la rue Salambô pour se poursuivre en face, en devenant la rue des Scouts. Je le sentais vraiment motivé pour aller rejoindre les scouts et finir son acte en kamikaze, sans se préoccuper de nous. Malgré mon professionnalisme et l'habitude d'éviter les mauvais conducteurs, cette fois-ci, cela me paraissait très compliqué. Je me retrouvai donc avec un véhicule à cinq mètres devant moi, en mouvement, avec aucun évitement possible et trop peu de distance pour freiner et stopper ma motocyclette. C'était la première fois que je ressentais une telle sensation d'impuissance, avec personne pour m'aider. Je savais cette fois que j'allais avoir droit à l'accident.

La vie est parfois mystérieuse, cela faisait plus de vingt ans que je faisais de la moto, et je n'avais jamais eu d'accident. J'étais devenu motocycliste de la Police Nationale en 1996, j'avais parcouru des milliers de kilomètres en milieu urbain à Paris avant d'être muté à Toulouse, j'avais évité des dizaines d'accrochages avec des automobilistes imprudents... J'avais même représenté la Police Nationale pendant des années en tant que pilote-moto, en prenant de nombreux risques, car vous pensez bien que la moto en compétition n'est pas sans risque. C'était incroyable et pourtant, ça y était, je me retrouvais face à l'inévitable, l'accident.

Il y en a pour qui, dans cette situation, la vie aurait défilé. En aucun cas ma vie n'a défilé, j'ai pris cette situation comme les autres, je savais seulement que je ne pourrais pas m'en sortir sans dégâts. Je pris la décision, dans ce court instant, et après avoir analysé la situation, de me positionner debout sur les cale-pieds de ma motocyclette, afin de sauver ma peau et de ne pas finir encastré dans la carrosserie de la C3 blanche. J'eus le réflexe également de dévier ma trajectoire pour viser le capot du moteur, car c'était un obstacle plus bas et plus facile à franchir que l'habitacle. Malheureusement, la suite ne s'est pas passée comme je l'aurais souhaité. Avec l'impact, j'ai perdu connaissance et je n'ai donc pas pu me réceptionner lors de la chute. Les dégâts sont terribles quand vous tombez comme une marionnette, comme un poids mort.

Je me réveillais un court instant après ce choc terrible, je ne savais absolument pas où j'étais, et j'entendais mon collègue me dire « tu as eu un accident, Manu, mais les pompiers sont là, ils vont te sauver, tiens le coup ». J'entendais, à travers mon casque, des sirènes qui venaient de toutes les directions, et là je savais que je n'avais pas fait semblant, que cette fois-ci c'était l'accident à mettre dans les annales. Il faut dire que je suis quelqu'un qui fait rarement les choses à moitié. J'essayais de bouger, j'étais allongé sur le trottoir, aucune partie de mon corps ne réagissait et je me sentais partir. Tout d'un coup, plus de son, plus d'image. Étais-je mort? Je ne le savais pas. J'allais le savoir plus tard, quinze jours après.

L'accident était-il programmé dans ma vie? C'est la question que je me pose encore: notre vie est-elle écrite? Qui sommes-nous ? Pourquoi sommes-nous là ? Je me pose toutes ces questions car des signes, avant ce drame, s'étaient manifestés. Avaient-ils un rapport, je ne sais pas, mais ce que je sais c'est qu'ils étaient là et qu'ils sont encore là.

En effet, depuis deux ans environ, j'étais perturbé par des numéros doubles, qui n'arrêtaient pas de m'accompagner au quotidien. À chaque fois que je regardais l'heure, il était par exemple « 22 h 22 » ou « 17 h 17 ». Quand je contrôlais des véhicules, ils avaient toujours des plaques comportant des chiffres doubles. Je n'en pouvais plus, si bien qu'un jour je m'arrêtais dans une rue et demandais à mon collègue s'il voyait bien la même chose que moi dans cette rue, c'est-à-dire des véhicules stationnés avec presque tous des plaques à numéros doubles. Il me confirma voir la même chose et je me dis « ouf, je ne suis pas devenu fou ». À partir de ce moment-là, il dut bien constater que ce phénomène se reproduisait à chaque fois que l'on patrouillait ensemble. C'était tout simplement hallucinant, il commençait d'ailleurs à flipper.

Et si je vous disais que l'endroit où je m'étais arrêté ce jour-là, avec une succession d'une dizaine de véhicules avec des plaques à numéros doubles, était la rue Salambô, ça vous ferait flipper ? Moi dans tous les cas, ça m'interpelle. Comme par hasard, l'accident s'est produit un 22 février. Je vais vous faire flipper une dernière fois et nous en reparlerons plus tard, mais j'ai appris par la suite que ma chambre d'hôpital en réanimation était la chambre 222, et qu'actuellement j'ai 22 vertèbres paralysées. Pour info, je suis né un 22, bizarre non ? Allez j'arrête, j'en garde pour plus tard...

LE COMA

Pendant que les médecins urgentistes se pressaient et s'acharnaient pour me maintenir en vie, je partais dans un autre monde, le coma. Quel drôle de monde, tout se mélangeait, le passé, le présent, le futur. Un monde indescriptible, même en l'écrivant je ne pourrais pas reproduire les sensations que j'ai ressenties. Vous êtes dans un monde où vous vous retrouvez en souffrance et très affaibli. Vous côtoyez à la fois les vivants et les morts, et les gens qui sont dans la longue attente de savoir dans quel camp ils vont finir, comme je l'étais. Ça doit être ce que l'on appelle l'entre-deux.

Parlons-en, de cette longue attente. Mon histoire se passait en Espagne. Pourquoi l'Espagne ? Je ne suis pas en mesure de vous répondre, ce que je peux vous dire c'est que dans le coma, je connaissais exactement mes blessures. Pourquoi ? Peut-être que l'on entend les médecins autour décrire les blessures. Dans mon cas, plusieurs dons d'organes m'attendaient dans une clinique espagnole, tenue par un grand ponte coréen. On devait me faire don d'un demi-corps pour remplacer mes jambes et mon bassin, et d'une cage thoracique complète afin de remplacer mes poumons malades. C'était vraiment affreux. Une maman avec sa petite fille était venue pour signer le don d'organes, qui provenaient du mari de cette dame, tué dans un accident de voiture, et elles venaient me voir pour connaître la personne à travers laquelle il allait revivre. Un moment inoubliable et douloureux pour moi. J'ai encore à ce jour dans la tête les pleurs répétés de cette petite fille, qui réclamait son père. À ce moment-là, le temps m'était compté et mon gros problème était vraiment un problème respiratoire. J'étais allongé sur un lit, à côté de deux autres lits, au sous-sol de cette clinique et un tunnel blanc se trouvait face à nous, dont émanait une forte lumière. Sur ma gauche je voyais de vieilles dames espagnoles toutes vêtues de noir et portant des chapelets, qui nous appelaient par des gestes répétitifs de la main. Elles surveillaient une sorte de dortoir rempli de morts, et insistaient pour qu'on aille vers elles. Encore un moment à oublier. À ce moment-là, je pense que ma vie ne tenait qu'à un fil. Finalement j'ai dû choisir la lumière blanche, en empruntant ce fameux tunnel, car je suis toujours là.

Oui, je n'ai pas pu enregistrer dans ma mémoire toute l'histoire de mon coma, je l'ai compris plus tard. J'ai fait deux arrêts cardiaques suite à des complications respiratoires. D'ailleurs ma plus grosse souffrance dans le coma était vraiment le manque d'oxygène. La suite de l'histoire de mon coma m'a vraiment convaincu que je n'avais pas halluciné et qu'il y avait sûrement une explication à tout ça. La clinique possédait cinq niveaux et le cinquième était prévu pour accueillir les familles en visite, avec un grand restaurant. Ce jour-là, ma famille était au complet, j'étais assis avec eux, ils discutaient tous entre eux, très heureux, et moi j'étais en pleine souffrance respiratoire. Je n'osais rien dire jusqu'au moment où ce ne fut plus possible. Il fallait absolument que l'on me ramène dans ma chambre pour que je me repose, avec un masque à oxygène. Je parlais à mon frère, qui était juste à côté de moi mais qui n'entendait rien, mon père non plus, et les autres membres de ma famille étaient dans mon dos, tout excités, mais aucun ne détectait ma détresse, à aucun moment. Je voyais mon père et mon frère se gaver de nourriture, sans prêter aucune attention à mes appels. Je ne comprenais pas pourquoi personne ne me répondait. Un peu plus tard, ma grand-mère s'assit à côté de moi, et commença à son tour à manger. Je la regardais en lui disant :

– Toi non plus, Mamie, tu ne veux pas m'entendre, vous préférez manger et me laisser agoniser !
– Qu'est-ce que tu me racontes ? me répondait-elle. Je ne te laisserai jamais souffrir.

Au fur et à mesure la journée se passa, ma famille quittait le restaurant et Marie-Hélène, ma tante, une des dernières présentes sur place, appela ma grand-mère pour la ramener chez elle. Celle-ci refusa de suivre ma tante et m'annonça que son chemin était maintenant ailleurs. Je ne comprenais rien et je sentais que j'étais sur le point de passer l'arme à gauche. Je m'étouffais de plus en plus, et tout d'un coup je me laissai porter : ma respiration s'était coupée. Je ne respirais plus. J'ai compris plus tard que je faisais à ce moment-là mon deuxième arrêt cardiaque, mais j'ai compris bien plus encore : ma grand-mère était la seule à me répondre dans le coma, pourquoi ? Elle était comme moi, sûrement, dans l'entre-deux, et comme elle me l'annonçait auparavant, elle était en train de prendre un autre chemin, celui de l'au-delà.

Avant l'accident, j'étais vraiment athée, quelqu'un qui ne croyait en rien, mais maintenant, je ne sais plus...

Après m'être réveillé du coma, je compris, quelques jours plus tard, que ma grand-mère était sur le point de nous quitter.

Elle est en effet partie quelques jours après, et a été enterrée le 22 mars. Encore un chiffre double, incroyable non ? Et le jour de l'anniversaire de ma sœur. D'ailleurs, mamie Eugénie nous a quittés suite à des complications respiratoires.

Je me demande d'ailleurs si ma mamie n'aurait pas sacrifié ses poumons pour me les offrir, afin de m'aider à survivre dans l'entre-deux, car elle était tellement généreuse. Je ne le saurai jamais. J'espère seulement que non, car il y a vraiment des situations graves où il vaut mieux partir. Si on m'avait dit un jour que je serai absent pour les obsèques de ma mamie, je ne l'aurais jamais cru. Pardon Mamie, ça m'était impossible cette fois-ci, mais ce n'est que partie remise, je te retrouverai au paradis, je pense que je le mérite.

Mon coma a vraiment été une épreuve et le restera, car malheureusement les vilaines cicatrices restent la plupart du temps en mémoire.

En ce qui concerne le passé, mon coma m'a permis de me retrouver aussi quelques instants enfant, super en forme, en train de courir partout, enfin une chose positive. Mais en ce qui concerne le futur, je n'ai pas vu les numéros du loto, dommage, mais un gros problème entre le monde occidental et le monde arabe, et devinez quand ? Pendant l'année 2022. Nous verrons bien.

Attention quand même à 2020, avec ses doubles, c'est une année unique dans son genre. Elle est en harmonie avec son nombre de siècles et son nombre d'années, vingt siècles plus vingt années. Le prochain phénomène ne se produira qu'en 2121...

LE RÉVEIL

Nous étions début mars et je me trouvais aux portes du réveil, j'apercevais l'entre-deux qui filait et tout commençait à redevenir réel, enfin presque. Un bip familier me confirmait que mon cœur battait et que je vivais.

Quel réveil, j'étais tout ensuqué, branché de partout comme un astronaute en plein test, sauf que je n'étais pas à la NASA mais dans une chambre d'hôpital, en surveillance intensive. Beaucoup de monde m'entourait, en blouses blanches, et particulièrement une dame de couleur noire qui était en train de me passer du beurre de cacao sur les lèvres.

Je distinguais un visage familier, celui de ma mère, souriante de me voir rouvrir les yeux. Je reprenais peu à peu mes esprits et je comprenais maintenant que j'avais sacrément morflé. Je m'observais comme je le pouvais et je commençais à tester mon corps. J'essayais de faire bouger mes membres inférieurs, mais malgré mon insistance ils ne répondaient à aucun commandement. Je poursuivais avec mes abdominaux, même réponse. Je finis par les bras, mais un seul fonctionnait, le gauche. « Ouf », pensais-je, car j'étais gaucher. Je continuais à me tester et je pouvais observer une multitude de tuyaux branchés en direction de mon visage. J'avais subi une trachéotomie, ce qui me permit de comprendre que je ne respirais plus seul, car mes poumons avaient été touchés. Je n'étais pas du tout étonné, cela correspondait à mon histoire des jours passés dans le coma.

Je poursuivais mon inventaire et il me tardait qu'il se termine. Deux tuyaux enfoncés dans mes narines servaient à m'alimenter. Une perfusion était branchée également sur mon bras gauche et j'apercevais sur le côté un drain qui évacuait mon sang. Pour finir, une attelle me maintenait l'épaule et le bras droit, tous deux endormis. L'inventaire touchait à sa fin, avec sûrement quelques oublis, que je n'étais pas pressé de découvrir. Je luttais pour rester au maximum dans le monde réel, j'avais trop chargé psychologiquement dans l'autre. Rien à faire, c'était dû aux différents tranquillisants que l'on m'injectait à longueur de journée. Je me rendormis aussitôt. J'étais vraiment trop faible.

Les jours s'enchaînaient, et mon état était stable mais n'évoluait pas. Je prenais de plus en plus conscience qu'il allait être très difficile de récupérer. L'angoisse était omniprésente, celle de penser que je ne marcherais peut-être plus jamais, que je ne respirerais peut-être plus jamais seul mais avec l'aide d'une machine. Ma vie serait rattachée à mon cerveau, intact, et à ma main gauche. J'essayais d'éviter d'y penser mais cela m'était impossible.

Lors des rares visites qui étaient autorisées, les gens me lançaient des sourires. Je me sentais obligé de les leur rendre et de leur faire comprendre qu'une compétition avait commencé, car Manu ne baisse jamais les bras. Voilà l'image que les gens avaient de moi, un compétiteur hors norme, et je ne voulais pas les décevoir. En fait, Manu était désormais tout autre, et il ne souhaitait qu'une chose : partir, partir. J'essayais de me rattacher à quelque chose qui m'aurait donné l'envie de rester, mais même penser à ma fille, que j'aimais par-dessus tout, ne me donnait pas assez de force. C'était horrible.

Mon état commençait à nouveau, après quelques jours, à se dégrader, une escarre sacrée qui s'était développée à force d'être alité prenait de l'ampleur, je montais en température et je frôlais le 40. J'avais beaucoup de mal à respirer et les médecins ne trouvaient pas l'origine de cette poussée de fièvre. Après une semaine de souffrance, ils détectèrent une septicémie. Apparemment je n'avais pas assez morflé, il me manquait la cerise sur le gâteau. Dans ces moments-là, vous priez, non pas pour rester, mais pour partir au plus vite. Je ne savais pas que l'on pouvait autant souffrir dans la vie.

Décidément, on ne me voulait pas là-haut, pourtant j'aurais vraiment pensé que cette fois-ci c'était la bonne, mais non, peut-être la prochaine fois...

Je commençais à détester les médecins, qui s'acharnaient à me sauver. Je ne comprenais pas que l'on veuille sauver à tout prix une personne qui, de toute façon, n'allait jamais retrouver une vie normale. La vie était déjà si difficile valide...

J'avais vraiment l'impression de devenir fou, et je devenais de plus en plus nerveux. La machine respiratoire était terrible, elle ne battait pas la mesure comme les battements de mon cœur et j'avais l'impression de m'étouffer à chaque inspiration et à chaque expiration. Je sonnais régulièrement, mais rien d'anormal pour les infirmières, je ne désaturais pas. Quand arrivait la nuit, j'avais très peur de finir étouffé et je n'arrivais pas à dormir, malgré les doses de cheval de tranquillisants qu'on m'injectait.

Le plus terrible, c'est que je ne pouvais même pas m'exprimer, car la trachéotomie m'empêchait de parler. Caroline, ma compagne, m'avait apporté une ardoise de Charlotte, avec un feutre, pour communiquer. C'était pitoyable, je n'arrivais même plus à écrire correctement. J'avais l'impression que mon stylo pesait une tonne. J'étais vraiment très faible physiquement, mais malheureusement mon cerveau, ma conscience étaient intacts. Ensemble, ils comprenaient que ma vie avait changé. Ils essayaient de commander tous les deux mon corps, qui ne réagissait plus, ou alors avec une maladresse et une faiblesse jamais rencontrées. Quel choc pour eux, alors qu'ils étaient habitués à pousser ce corps dans ses limites physiques sans que jamais il ne faiblisse !

J'étais quelqu'un qui aimait beaucoup se lancer des défis physiques, avec une force mentale incroyable. J'adorais ça, j'adorais me surprendre et me dépasser. D'ailleurs, juste avant le drame, je m'étais mis à beaucoup courir, comme si j'avais pressenti que l'on allait me prendre mes jambes.

J'étais un compétiteur, d'ailleurs pour la petite histoire, j'étais depuis des années sportif de haut niveau dans la Police Nationale, et j'avais même été champion de France en rallye routier moto. C'était une discipline qui demandait de la rigueur et une certaine concentration, car nous n'avions pas droit à l'erreur, une sortie de route pouvant se finir dans un arbre ou dans un ravin. Tout au long de ma vie j'ai été un sportif, dans beaucoup de disciplines, je mettais sans cesse mon corps à contribution physiquement. J'aimais tout simplement me sentir en forme et fort, et j'adorais avoir mon indépendance. Je rendais régulièrement des services à mon entourage, tous savaient qu'ils pouvaient toujours compter sur moi, j'adorais aider mais je détestais l'inverse, je préférais me débrouiller seul et ne pas déranger.

J'étais maintenant confronté à la dure réalité : celle de devoir sûrement tout réapprendre, avec toutes mes séquelles. Moi grand sportif, j'allais peut-être devoir rester cloué dans un fauteuil roulant à vie, avec l'aide d'une auxiliaire de vie, le choc.

Je n'avais plus le choix, j'étais prisonnier de mon propre corps, il fallait que j'essaie, que j'aille voir. Au fil des jours, je commençais à retrouver un peu le moral, et je me mis à essayer de réparer mon corps, sachant pertinemment que le chemin allait être très long.

Je commençais à comprendre que le moral influait beaucoup sur la réparation du corps, alors je décidais de partir en compétition contre moi-même, en essayant, pour avancer, de puiser dans les petites ressources qui me restaient. Dans ces moments-là, quand vous êtes en pleine reconstruction, il faut savoir une chose : vous n'avez pas peur de la mort, mais de la vie. C'est beaucoup plus facile de mourir que d'exister, et je pense que la raison est là.

Les souvenirs très frais du coma me rattrapaient souvent la nuit et je me mettais alors à cogiter. Je repensais sérieusement à la rencontre avec ma grand-mère, et un flash me vint une nuit, la dixième nuit environ après ma sortie du coma. J'en déduisis que si elle était la seule à m'avoir entendu, c'est qu'elle se trouvait sûrement dans l'entre-deux et donc qu'elle n'était pas très bien. Le lendemain matin, après ma toilette, je m'empressais de demander l'ardoise à l'aide-soignante, afin d'informer ma mère que Mamie était très mal et qu'elle allait sûrement mourir. Au regard de ma mère, je compris qu'elle le savait et qu'elle se refusait à m'en parler, pour ne pas m'infliger une peine de plus. Dans ma tête c'était l'apocalypse.

Ma grand-mère était ma « Mamie », la seule et l'unique. Il y avait entre nous une complicité incroyable, elle était pour moi un modèle. C'était une très grande personne, tant par sa générosité que par son intelligence, et elle avait énormément d'humour. Elle m'avait accompagné tout au long de ma vie. Elle a beaucoup participé à mon éducation et m'aura transmis les valeurs essentielles de la vie, merci Mamie.

Je savais, et j'en étais persuadé maintenant, que l'entre-deux existait vraiment, que mamie Eugénie allait nous quitter bientôt, que ce n'était qu'une question de temps. Je venais de prendre un coup de massue, j'étais dans un état second, je venais de me rendre compte que l'une des personnes que j'aimais le plus au monde allait partir, sans que je puisse lui dire au revoir.

Mamie Eugénie, dite Manette, nous quitta en effet deux jours plus tard. Je m'y étais justement préparé, et j'avais préparé une petite playlist pour son enterrement. J'avais choisi l'Aria de Bach et l'Adagio d'Albinoni, deux de mes morceaux de musique classique préférés. Je ne comprenais pas qu'en si peu de temps je subisse autant de sentences, je devais sûrement avoir une trop belle vie et il était temps que cela cesse. C'était vrai, j'avais une vie plutôt agréable, un métier qui me plaisait, une compagne agréable – avec des relations certes tendues les derniers temps, mais comme dans tous les couples – une ravissante petite fille, Charlotte, ma princesse de 4 ans, et toute cette petite famille était réunie dans une belle maison.

À quand la prochaine punition ? Je ne le savais pas, mais il fallait que je retourne à mon travail de reconstruction avec une peine supplémentaire, la disparition de Mamie, que je ne verrai plus jamais. Je me réconfortais un peu en pensant que la dernière fois qu'elle m'avait vu dans le monde réel, j'étais entier et en forme. Je ne savais pas, en revanche, si son dernier souvenir allait être celui de l'entre-deux, lorsqu'elle me regardait en souffrance en train de suffoquer, ou celui de moi en pleine forme dans le vrai monde. Toutes ces pensées me rendaient dingue, je me demandais vraiment si je ne devenais pas fou.

Je me forçais à changer de sujet et je pensais maintenant à ma fille. Il fallait vraiment que je me batte pour elle.

Une page venait de se tourner, Mamie au ciel, et moi qui allais commencer une nouvelle vie d'invalide. Un super programme en perspective...

Le neurologue m'avait rendu visite dans la journée pour m'annoncer des choses non réjouissantes, pendant qu'on enterrait ma grand-mère à l'église Sainte-Thérèse de Tarbes. C'était le 22 mars, Caroline, ma compagne, était restée avec moi, pendant que tous mes proches étaient aux funérailles.

Le neurologue venait m'annoncer que je ne marcherais sûrement plus jamais, qu'il serait peut-être possible que je récupère un jour le bras droit et peut-être également mes poumons, mais bien sûr avec un énorme point d'interrogation. Je pus me rendre compte, par contre, dans les instants qui suivirent, que mes canaux lacrymaux fonctionnaient très bien, tellement bien que j'avais l'impression que la perfusion qui m'alimentait en eau descendait à vue d'œil. Encore aujourd'hui, je me rends compte que dans mon corps les organes fonctionnent toujours à la perfection. La nature est vraiment bien faite, elle laisse intacts les organes qui servent lorsqu'on est plongé dans la tristesse...

J'étais maintenant fixé, le ponte avait parlé, mais je refusais de le croire et j'étais déterminé à lui prouver le contraire. Il fallait absolument que je récupère mon bras et mes poumons. Je savais que pour mes jambes ça allait être très compliqué, car il m'avait opéré et avait pu s'apercevoir que ma colonne vertébrale et ma moelle épinière avaient été sérieusement touchées.

Je me retrouvais donc avec du pain sur la planche, deux défis : d'un côté un gros problème aux poumons, pour être plus précis – les termes médicaux sont tellement élégants – une « lame de pneumothorax bilatérale avec épanchement pleural bilatéral » accompagné d'une « contusion pulmonaire bilatérale à la partie antérieure du lobe supérieur » et d'un « pneumo-médiastin sans brèche trachéale », et d'un autre côté, une « lésion du plexus brachial » accompagné d'une « fracture de la clavicule » et d'une « fracture de la tête humérale », sans oublier une petite « compression de moelle », qui pourrait éventuellement correspondre à la paralysie du membre supérieur côté droit.

J'adorais les défis, mais là, il fallait en quelque sorte sortir le grand jeu et défier la science. Je refusais de baisser les bras, même si cette épreuve ne m'avait jamais été présentée dans mon autre vie, je me réconfortais en me répétant que la science était inexacte et que j'allais le leur prouver.

Je voyais le jour tomber, et je savais que Mamie avait maintenant rejoint Papi dans le tombeau familial, où les retrouvailles devaient être magiques. Caroline s'apprêtait à quitter ma chambre 222 à l'hôpital Purpan, et j'allais me retrouver seul avec la nuit pour fêter mon premier mois d'hospitalisation. C'était également l'anniversaire de ma sœur Alexandra, 41 ans, la pauvre, elle trouvera sûrement un goût amer à fêter tous ses prochains anniversaires en même temps que ceux de l'enterrement de Mamie...

J'étais seul maintenant, et je pouvais commencer mes exercices pulmonaires. Je me concentrais pour puiser dans mes forces, jusqu'au fond de mes entrailles. J'étais très désordonné, comme si je n'avais jamais su respirer seul. Je réalisais vraiment que sans cette foutue machine, mes poumons s'arrêteraient rapidement de fonctionner. Je ne pouvais même pas m'aider de mes abdominaux, ils étaient en sommeil profond. Je continuais à produire des efforts jusqu'à l'excès, je me mis dans le rouge évidemment, et je déclenchai l'alarme de la machine, je commençais à désaturer car je ne respectais pas son rythme d'inspiration et d'expiration. Deux infirmières arrivèrent, un peu en panique. Au bout de quelques secondes, tout était redevenu normal. Je savais comment faire maintenant pour voir rappliquer les belles blouses blanches... Après ces petits jeux et toutes les émotions de la journée, je finis par m'endormir rapidement, comme une masse.

Le lendemain matin, on m'informa que j'allais passer des radios et des scanners de contrôle, notamment au niveau des poumons. Pendant ce temps, comme tous les matins, j'avais droit à la toilette, en musique et avec la chorégraphie des deux aides-soignantes, qui m'interprétaient les Clodettes. C'était un bon moment, j'avais noué de très bons liens avec elles, elles étaient toujours souriantes et courageuses, j'adorais leurs tempéraments. Il m'arrivait en revanche de tomber aussi parfois sur des énergumènes, et je me demande encore pourquoi elles avaient choisi ce métier.

Après la toilette, je retrouvais ma mère et ma sœur qui revenaient de Tarbes, et je pris, comme à chaque fois que je voulais leur transmettre un message, mon ardoise et mon feutre pour leur annoncer les mauvaises nouvelles de la veille, mais aussi que j'allais passer des examens de contrôle aujourd'hui. Je sentais ma mère triste, elle venait de perdre sa mère, et son fils était à l'hôpital, très mal en point.

On vint me chercher pour les examens et je saluai d'un regard ma mère, Caroline et ma sœur. Une fois les contrôles terminés, une bonne nouvelle tomba : mes poumons allaient pouvoir fonctionner seuls, mais avec de la rééducation. J'étais sûr le point de gagner une première bataille. Mon moral était reparti à la hausse. En plus de ça, nous allions commencer la rééducation dès le lendemain et j'allais même pouvoir commencer à réapprendre à avaler et enfin me nourrir comme avant, car jusque-là j'étais toujours nourri par perfusion. Chouette, bientôt finis les renvois d'alcool à 90 degrés et vive le retour de l'entrecôte-frites et du coca !

Le neurologue se présenta à moi un peu plus tard afin de confirmer mon amélioration physique, il avait d'ailleurs l'air très surpris. Il m'informa que j'allais quitter son service de réanimation intensive pour être transféré au service de réanimation polyvalente, un service avec moins de surveillance. J'étais apparemment devenu trop en forme à son goût et mon cas ne l'intéressait plus.

Je n'avais vraiment pas cette sensation-là. Bien au contraire, je reprenais de plus en plus conscience des choses, et je ressentais dans le corps des douleurs que je ne connaissais pas, du moins que je n'avais jamais ressenties dans ma vie antérieure. Paradoxalement, les pires douleurs se trouvaient dans toutes les parties paralysées, des douleurs qui se manifestaient du bout de mes pieds jusqu'à mes épaules. C'était très bizarre, j'avais l'impression à la fois que quelque chose me rongeait, que l'on m'envoyait de l'électricité, que l'on me brûlait dans un four, et je ressentais en plus des fourmillements très intenses. C'était incroyable de ressentir toutes ces douleurs en même temps. J'avais les abdominaux et la cage thoracique comme pris entre les deux mâchoires d'un étau, que l'on ne cessait de serrer. C'était affreux.

En revanche sur les parties valides, je ressentais uniquement une douleur à la clavicule qui était cassée, mais vraiment rien de comparable aux autres douleurs. Une douleur de fracture, qui m'était familière, avec mes petits antécédents lors de chutes, inévitables lorsqu'on pratique la moto en compétition.

Avec mon ardoise, je racontais au neurologue ce que je ressentais. Il connaissait malheureusement par cœur mes plaintes et revendications, c'était les mêmes à chaque fois avec les blessés médullaires, sauf qu'apparemment j'avais remporté la palme en les ayant toutes récoltées à la fois.

Il était incapable, et d'ailleurs personne au monde n'en était capable, de me dire si ces douleurs allaient s'arrêter un jour. Elles pourraient rester à vie comme partir demain. Ce qu'il savait, par contre, d'après des études et des statistiques sur la douleur, c'était que les personnes de mon âge, 40 ans, avaient beaucoup plus de douleurs que des personnes atteintes de blessures médullaires à 20 ans, et également que les personnes atteintes de lésions hautes, comme c'était mon cas, souffraient beaucoup plus.

J'étais ravi d'entendre que je venais de me faire des copines fidèles et très désagréables, qui allaient très probablement m'accompagner jusqu'à la fin de ma vie. Je savais déjà que cela n'allait pas être possible de cohabiter, et que je ne pourrai pas m'engager avec elles sur un long bail. Il fallait que l'on trouve un moyen rapide de les apaiser, voire de les faire disparaître. Le neurologue m'informa qu'il existait des traitements pour agir sur la douleur, et qu'il faudrait en tester plusieurs afin de trouver le plus efficace. J'étais très sceptique quant à l'efficacité de ces traitements, mais aussi inquiet sur l'empoisonnement qu'ils allaient provoquer en moi. Je savais très bien que de la drogue coulait régulièrement dans mes veines depuis mon hospitalisation, pour justement me tranquilliser et calmer mes douleurs. L'entretien m'avait beaucoup fatigué. Cinq minutes de concentration me demandaient un effort qui me paraissait surhumain, et j'avais vraiment l'impression qu'elles représentaient des heures. Je décrochais pas mal de fois pendant cet entretien, mais j'avais retenu l'essentiel : j'allais déménager dès le lendemain, avec mes copines les douleurs, et des exercices respiratoires m'attendaient durant tout le week-end pour rééduquer mes poumons, avec un kinésithérapeute spécialisé.

Il me tardait déjà le samedi, pour prendre possession de mes nouveaux appartements, car j'avais vraiment besoin de changement. J'allais en plus flirter avec mon ancienne vie de sportif, en effectuant enfin des exercices physiques, pour une difficile rééducation pulmonaire. J'imaginais déjà que pendant ces efforts des images de ma vie d'avant resurgiraient, comme lorsque je fournissais un gros effort en course à pied par exemple, et que je mettais à contribution mon souffle. Me projeter dans le passé pendant quelque temps me ferait un bien fou, et me permettrait de m'évader un petit peu en quittant la réalité. Je comprendrai plus tard que mes idées étaient fausses et qu'il fallait justement éviter de replonger dans le passé, mais plutôt appuyer sur la touche « reset », afin de l'oublier et le faire disparaître à jamais.

Ma mère annonça à Caroline, qui venait d'arriver, tous les événements de la journée et je me forçai à communiquer, mais de plus en plus en bougeant les lèvres, car c'était vraiment moins fatigant que l'ardoise. La plupart du temps, toutes les deux ne comprenaient rien et je m'énervais. J'avais retrouvé mon caractère, c'était bon signe. Je m'endormais tout doucement dans mes pensées, accompagné de mes copines les douleurs, la nuit était proche et la neige se mettait à tomber. Une infirmière était venue trafiquer ma perfusion. Elle avait dû m'injecter un petit somnifère, voire peut-être de la morphine – je m'étais pas mal plaint ce jour-là – car je sombrais anormalement, les drogues commençaient sûrement à faire leur effet.

Je me réveillais au petit matin, il faisait encore noir dehors, l'étage du service me paraissait très calme pour une réanimation intensive. J'étais toujours bercé par ce bip, rythmé par les battements de mon cœur. Je le trouvais rapide et ça ne ressemblait plus du tout à mon cœur lent de sportif. Ce bip commençait sérieusement à m'agacer et je trouvais qu'il battait très mal la mesure, vraiment pas digne d'un chef d'orchestre sportif aguerri !

Peu importe, le samedi était enfin arrivé, et c'était le grand jour. Il fallait préparer mon baluchon, bien maigre soit, mais ça allait quand même prendre du temps. Je n'étais évidemment maître de rien, un assisté, comme on dit. C'était la première fois de ma vie que l'on allait préparer mes sacs et les porter à ma place. N'étant vraiment pas habitué à cela, j'avais énormément de mal à le supporter, mais je n'avais pas le choix, j'étais cloué dans mon lit sans pouvoir rien faire. Tenir dans ma main un stylo était déjà très compliqué. Qu'étais-je devenu, et qu'allais-je devenir ? Voilà la question qui revenait souvent. Le plus long allait être de retirer la déco qui, au fil des jours, s'était accumulée sur tous les murs de ma chambre. Caroline affichait tous les jours une nouvelle photo ou un nouveau dessin de Charlotte, ma petite princesse, que je n'avais toujours pas revue depuis la veille de l'accident. Nous étions convenus avec Caro qu'il ne fallait pas qu'elle me voie comme ça, en tenue de cosmonaute, avec le tuyau de la trachéotomie et sa canule qui me rentraient directement dans la gorge.

Charlotte était au courant de mon séjour à l'hôpital, elle savait seulement que je m'étais cassé les deux jambes et que les docteurs faisaient tout leur possible pour me les réparer au plus vite.

Il était huit heures du matin et les effectifs de la relève du service « réa » étaient opérationnels. Deux aides-soignantes se pointèrent dans ma chambre, mais pas mes Clodettes habituelles cette fois-ci, elles devaient être de repos pour le week-end. Elles venaient pour faire ma toilette et préparer mon départ. Dommage pour mes Clodettes, elles n'auront pas eu les adieux de leur Cloclo... J'espérais seulement qu'elles passeraient me voir dans l'autre service.

La toilette, comme toutes les toilettes, se fit au lit, on me nettoya tout le corps avec un gant, en évitant de trop me bouger. Je portais une couche pour les éventuelles pertes d'excréments. L'urine était directement évacuée par une sonde permanente placée dans l'urètre, très pratique, surtout quand on ne se sent plus uriner. Pour les excréments, ils étaient rares, pour ne pas dire inexistants. Normal, j'étais toujours nourri par voie nasale, uniquement avec du liquide à base de glucose.

Pendant ma toilette, j'observais mes organes génitaux et mon pénis, qui se faisaient nettoyer avec insistance, et je ne sentais rien, ni eux d'ailleurs, ils restaient flasques, ramollis. Auparavant, il n'aurait pas fallu attendre longtemps pour voir tout ce petit monde se mettre au garde-à-vous. Au-dessus des bijoux de famille, j'avais un long pansement, que l'on changeait régulièrement. Il protégeait mes douze points, non du permis de conduire, mais ceux qui avaient servi à refermer l'ouverture nécessaire pour intervenir dans mon bassin.

Je n'avais pas vraiment fini l'inventaire, je savais que j'allais encore découvrir des merveilles. Mon bassin avait morflé aussi, il s'était cassé en sept morceaux, entraînant deux sections d'artères hypogastriques. C'était très grave, à cause de l'éclatement du bassin, j'avais vraiment failli perdre la vie. Je perdais énormément de sang au moment de l'accident, avec une hémorragie interne dans le bassin, qui était très difficile d'accès. Après dix heures d'instabilité et dix poches de sang injectées, les médecins, avec le radiologue, décidèrent de pratiquer en dernier recours une embolisation, qui consisterait à boucher les deux artères afin de stopper l'hémorragie. Ils espéraient également qu'en les bouchant mon cerveau continuerait à être assez irrigué pour ne pas subir de séquelles. J'avais tenu le coup, tout s'était bien passé. Avant de refermer, ils m'avaient également placé une plaque avec des vis, qui allait retenir les sept parties de mon bassin.

Je voyais également un pansement sur ma hanche droite, car je m'étais aussi cassé le fémur, qui avait été réparé avec un clou, et trois points de suture refermaient le tout. Les autres pansements, que je ne pouvais pas voir, étaient ceux de l'escarre et du drain. Voilà tout ce que je pouvais observer lors du nettoyage intégral.

Après les aides-soignantes pour la toilette, ce fut au tour des infirmières, qui venaient vérifier les plaies et changer les pansements, ainsi que les perfusions et les sondes, avant de vérifier tous les affichages des machines, qui scrutaient mes entrailles 24 heures sur 24.

J'étais enfin prêt, refait à neuf, pour me présenter au service de réanimation polyvalente. Toutes mes affaires avaient été réunies et deux molosses de brancardiers se présentèrent devant mon lit pour le déménagement. Dans le couloir, que je découvrais, je passais en revue tout le personnel qui s'était aligné pour me faire ses adieux. Je sentais qu'ils étaient tous heureux de me voir sortir vivant et qu'ils avaient accompli un miracle car beaucoup d'eux s'étaient sûrement posé la question un mois avant, lorsque j'empruntais ce chemin dans le sens inverse, inconscient et dans le coma. Je leur faisais un sourire de remerciement en me disant qu'ils avaient accompli un excellent travail pendant mon séjour, en sauvant une vie pratiquement insauvable. J'imaginais leur fierté à chaque fois qu'un patient ressortait de leur service en respirant, vivant. Même si je n'étais pas content qu'ils m'aient sauvé, j'avais énormément de respect et d'admiration pour ces gens, ils faisaient un boulot où ils se devaient d'être courageux et volontaires.

Je franchissais l'accueil de la réanimation polyvalente après avoir passé de nombreuses minutes dans les couloirs, construits en labyrinthe, comme tous les hôpitaux. Je crois que je ne connais personne qui ne se soit jamais perdu dans un hôpital, comme si les architectes avaient pour mission de nous faire arriver toujours en retard pour les rendez-vous et les visites...

De nouvelles blouses blanches apparurent, et l'une d'elle accompagna les brancardiers jusqu'à mes nouveaux appartements. Ma chambre sentait fortement l'eau de javel, on avait sûrement dû la désinfecter pour mon arrivée. Rapidement, un défilé d'infirmières vint découvrir le petit nouveau, apportant un mélange de parfums, assez excitant d'ailleurs, qui remplaça et me fit très vite oublier cette odeur infecte d'eau de javel.

Elles venaient surtout pour m'installer et rebrancher toutes les machines qui m'accompagnaient et me surveillaient. Je prenais mes repères, et Caro était déjà là pour agencer et décorer au mieux ma nouvelle chambre. Ma mère était également présente, et j'allais pouvoir recevoir davantage de visites dans ce service. Je demandais que l'on place face à mon lit des photos de ma fille, ainsi que ses œuvres de dessinatrice.

J'étais maintenant installé, et la mission de ce service, avant que je ne quitte définitivement les hôpitaux pour rejoindre les centres de rééducation fonctionnelle, était de réussir à me permettre de m'alimenter et de respirer seul, avec le retrait total de la trachéotomie.

Mais je n'en n'étais pas encore là, et justement une infirmière se présenta et fit sortir tous mes proches, pour m'examiner dans le calme. J'étais seul avec elle et je commençais déjà les nouveaux exercices. Elle m'expliqua que j'allais être débranché de la machine qui m'aidait à respirer tous les jours depuis mon accident, et que pour la première fois mes poumons allaient se débrouiller tout seuls. J'étais déjà ailleurs, parti en compétition, sur les starting-blocks. Mais je savais que ça n'allait pas être simple. Je ne voulais absolument pas échouer, la respiration était la chose qui m'avait fait le plus souffrir depuis l'accident, avec cette sensation perpétuelle d'étouffement. J'observais maintenant l'infirmière comme une adversaire, elle s'apprêtait à débrancher mon tuyau de cosmonaute, qui me reliait à l'oxygène. C'était parti, la canule de la trachéotomie était débranchée, je respirais seul, mal mais seul. Je forçais, comme si l'air de la pièce était insuffisant, voire absent. Cela ne faisait pas deux minutes que j'étais débranché et j'étais déjà épuisé. Mais il fallait résister et montrer que j'étais capable de respirer seul. Il n'était aucunement négociable que je garde à vie une machine à oxygène. Malgré mon quatrième orifice, le trou dans la trachée, l'air me manquait. J'avais vraiment une sensation bizarre quand je respirais par le cou. L'infirmière constata au bout de cinq minutes qu'il fallait me rebrancher. Elle me félicita de l'effort que j'avais fourni et du bel exploit réalisé. J'étais à vrai dire fracassé, comme si je venais de faire un marathon en sprint.

Elle m'informa qu'il fallait que je me repose après l'effort que je venais de fournir, et me dit qu'elle repasserait en fin d'après-midi, pour mes premiers tests de déglutition. J'allais réapprendre à boire et à manger. Ma mère et Caro regagnèrent ma chambre, avec quelques amis qui étaient venus me rendre visite. Je voyais dans leurs regards qu'ils étaient inquiets. J'étais devenu pâle après l'effort fourni. Je les rassurai tout de suite, en levant ma main gauche serrée en forme de poing, signe de victoire. Je savais que ça fonctionnait, que malgré mon état, j'allais, avec un peu de rééducation, respirer à nouveau seul.

Je piquai un somme sans me soucier de mes visites, et dans mes pensées je me préparai déjà psychologiquement pour les exercices de déglutition. Comme prévu, en fin d'après-midi, j'eus l'agréable surprise de me faire réveiller par ma coach personnelle, qui allait me réapprendre à avaler correctement et sans m'étouffer, ma salive, voire même un verre d'eau.

C'était pour moi l'exercice le plus stressant. À maintes reprises je m'étais bouché involontairement la trachée suite à des sécrétions bronchiques que je n'arrivais pas à faire remonter dans mon larynx pour les avaler et les évacuer dans mon œsophage. C'était une sensation d'étouffement terrible, et je devais régulièrement sonner pour que l'on vienne évacuer ces sécrétions avant que je ne désature et que je ne puisse plus respirer.

Cela restera ma pire souffrance et je suis convaincu aujourd'hui que mourir étouffé ou noyé est la pire mort pour un être humain. Encore aujourd'hui, des flashs me reviennent très souvent, je me revois lorsque je sonnais et que je voyais un ange gardien en blouse blanche débarquer pour m'introduire cette horrible sonde d'aspiration. Il amenait la sonde à hauteur de ma trachéotomie, il débranchait le tuyau à oxygène quelques instants en introduisant à la place, par la canule, la sonde d'aspiration, qui empruntait le larynx puis la trachée pour finir dans les poumons. J'étais vraiment pressé que l'on débouche les tuyaux respiratoires de mes entrailles. Dès que l'aspiration commençait, mon corps se tétanisait à cause des spasmes provoqués par la douleur due au passage de la sonde, qui raclait mes bronches et mes poumons. C'était horrible, mais très efficace. Rapidement je reprenais une respiration normale, du moins suffisante pour vivre, et j'espérais à chaque fois ne plus jamais avoir à subir cette torture. Malheureusement, je devais attendre que mes poumons redeviennent assez forts et autonomes. Je subissais régulièrement deux ou trois aspirations par jour, en attendant que les séances de kiné respiratoire réparent mes poumons et les rendent à nouveau totalement fonctionnels.

L'exercice commença et je respirais de nouveau seul avec un obstacle supplémentaire, avaler. J'adoptais un rythme, le plus efficace possible, pour ne pas perturber ma respiration lors de l'ingurgitation de ma salive. Je ne m'en sortais pas trop mal et je recevais déjà les félicitations de mon coach. Par moments je paniquais, car j'avais l'impression que ma salive prenait la direction de mes poumons et non celle de mon estomac. Je me devais absolument de respecter les bons réflexes, du début à la fin de l'action, sinon j'allais droit à l'échec. Je redoublais de vigilance, car j'avais encore envie d'entendre des félicitations. Ce fut le cas, j'étais un bon élève et nous allions même du coup tenter le verre d'eau, ça allait être le grand exploit de la journée.

Je me concentrais comme en compétition moto, et j'étais prêt à avaler les chutes du Niagara.

Pour la première fois, et depuis plus d'un mois, j'allais refaire découvrir à ma bouche, à mon palais, les saveurs de l'eau, et cette sensation magique d'introduire en soi un aliment, un liquide, ces choses de la vie qui nous font vivre. J'étais heureux de toucher avec mes lèvres ce verre que je tenais avec ma main imprécise, qui tremblait, à la fois de peur et d'émotion, mais aussi parce qu'elle était faible et n'avait plus l'habitude de ce geste si familier, qui était de lever son verre pour boire. Enfin, l'eau coulait en moi, je ressentais tout le trajet qu'elle empruntait, une rivière coulait, froide et étrangère comme jamais. J'avais vraiment oublié le bonheur que c'était de boire de l'eau. Elle était bonne car elle n'avait aucun goût, pas comme toutes ces drogues que l'on m'avait injectées. Je rencontrais quelques difficultés lorsque j'avalais, ce n'était pas comme la salive cette fois-ci, le débit était plus important et plus fluide. Il fallait que je ralentisse sa progression afin d'éviter d'avaler de travers. Je commençais à fatiguer et l'oxygène se faisait discret. Mon coach avait déjà anticipé, en me reprenant le verre, et elle s'apprêtait à me rebrancher. L'exploit avait été accompli, j'avais bu de l'eau seul. J'étais lessivé, mais fier et ému d'avoir bu, si bien que je fis profiter de cet exploit à tous mes visiteurs, qui avaient attendu dans les couloirs de la « réa » que je finisse les exercices. Mes amis et ma famille étaient contents de me voir sourire, c'était si rare.

Toutefois ils me regardaient comme si j'étais un lion en cage, et je les sentais gênés, par peur de me poser des questions maladroites. Depuis les premières visites, je n'osais pas prévenir ma mère ou Caroline que je n'en souhaitais plus. Je détestais que l'on me voie dans cet état-là. Je préférais qu'ils patientent. Je ne pouvais même pas engager une conversation, je ne pouvais pas parler. À chaque visite ça me gênait de les voir hésitants et pas naturels, je n'en voulais plus, je finis donc par demander à Caro de ralentir les visites.

Le lendemain, dimanche, le jour du Seigneur, personne ne vint. Mon coach m'avait lâché, elle avait dû prendre son congé dominical et elle me laissait souffler, après tous ces efforts fournis le samedi. Je passai la journée avec ma mère, à regarder Drucker à la télé, je me reposai un maximum avant d'attaquer une semaine qui allait être, je l'espérais, remplie d'exploits et d'émotions. Je m'imaginais déjà boire à volonté sans difficulté, avec des poumons fonctionnant comme des ventilateurs.

Je ne savais pas si c'était à cause de l'effort fourni le samedi, mais je ne me sentis pas bien du tout le dimanche soir. J'avais l'impression de respirer sans la machine et de manquer d'oxygène. Je ne comprenais pas. Ma mère avertissait régulièrement le personnel soignant, mais ils ne voyaient rien d'anormal, aucun chiffre sur les machines qui scrutaient mon corps à longueur de journée n'annonçait un problème. Ma mère et Caro étaient restées plus tard ce soir-là, comme si elles sentaient que j'étais en détresse et qu'une sale nuit se préparait. Je me retrouvais seul et quelque chose n'allait vraiment pas. Je sonnai et j'essayai d'expliquer à l'infirmière de nuit que ma respiration se détériorait. J'étais persuadé que j'avais trop forcé pendant les exercices et que j'avais sûrement abîmé mes bronches.

Je ne dormis pas de la nuit, et au petit matin, j'étais au plus mal. Je demandai qu'on vérifie les sécrétions bronchiques. Je me fis aspirer plusieurs fois mais rien ne s'améliorait, et pourtant les chiffres étaient toujours bons.

Ma mère était venue plus tôt, ce jour-là. Elle m'avait quitté la veille dans un état moyen et elle était très inquiète. Elle m'interrogeait, et au fur à mesure elle voyait mon état s'aggraver. La machine commençait à afficher une ventilation pulmonaire en difficulté. La sonnerie s'était mise à retentir. Enfin ! Ça me rassurait, ça prouvait qu'il se passait bien quelque chose... Je devenais gris et je demandai à ma mère de décrocher une photo de ma princesse Charlotte. Mon réflexe fut d'embrasser la photo, comme si un grand départ s'annonçait. L'interne de permanence entra dans ma chambre et en ressortit aussitôt afin d'aller chercher du renfort. Ma mère criait dans le couloir, affolée à l'idée de perdre son fils : « Dépêchez-vous, il va mourir, il va s'étouffer ! »

J'étais reparti en galère, mes poumons étaient en difficulté. Tout d'un coup, je cessai de ventiler. Je sentais battre mon cœur mais quelque chose s'était bouché. J'étais devenu un plongeur en apnée, le Jacques Mayol du service réa. Il fallait que je tienne, comme lui, plusieurs minutes, avant que les renforts n'arrivent pour me sauver. Je commençais à sérieusement planer et je distinguais à peine des blouses blanches qui s'agitaient autour de moi. Ils étaient enfin là, mais qu'allaient-ils faire pour me récupérer ? Je nageais déjà dans les profondeurs, et bien qu'ayant les yeux ouverts, je m'enfonçais dans le noir. J'étais prêt à battre le record d'apnée, pas pour finir sur des planches de podium mais entre quatre planches...

Je sentais que l'on trafiquait ma trachéotomie et j'avais l'impression de gonfler comme un ballon.

Peu de temps après, je ressentis une aspiration, qui me donna enfin l'impression de me dégonfler.

Chouette, je ventilais à nouveau ! Ils avaient réussi, je récupérais petit à petit, ma vue revenait et je découvrais autour de moi une armée de blouses blanches. Il devait y avoir tout le service réa, d'ailleurs je me demandais comment ils avaient tous pu rentrer dans ma chambre. Ils étaient tous là, le front rouge et brillant de sueur, me regardant comme le Messie. Ils avaient dû avoir une petite frayeur, pensais-je. Je repassais en mode surveillance rapprochée, et des radiologues s'empressèrent, sur ordre du grand ponte, qui s'était déplacé lui aussi pour l'évènement, d'effectuer quelques clichés de ma cage thoracique, imprévisible et instable. Ils découvrirent avec stupéfaction que durant le week-end mon poumon gauche, le plus petit, s'était atrophié et ne fonctionnait plus, pendant que mon poumon droit produisait un double effort, et du coup se remplissait deux fois plus vite de sécrétions bronchiques.

Le grand ponte, après m'avoir examiné et m'avoir posé quelques questions, en déduit, très énervé, que son personnel avait commis des erreurs pendant le week-end. Si mon poumon droit s'était encombré et mon poumon gauche s'était atrophié, c'était pour deux raisons. La première était le fait que, suite à mon transfert, ils avaient oublié durant le week-end de me faire faire des exercices de kiné respiratoire. L'autre raison était le fait qu'une infirmière s'était trompée lors du remplacement quasi quotidien de ma canule, en confondant la canule prévue avec une autre. De ce fait, la trachéotomie fonctionnait très mal, car les diamètres étant différents. J'évacuais encore moins bien que d'habitude mes sécrétions bronchiques, ce qui alla jusqu'à provoquer l'atrophie et une occlusion au niveau du larynx. C'était tout simplement impensable, après tous ces efforts fournis, tant par le personnel de la réanimation intensive que par moi-même. On m'avait expliqué la différence entre les deux services, que l'un était plus « léger » que l'autre, mais à ce point-là, je n'aurais jamais cru.

Mais je le pris comme une erreur de parcours, et tout allait mieux maintenant. J'étais vraiment bien « débouché », j'avais l'impression de faire tourner moi-même, par la seule force de mes poumons, la machine respiratoire, elle affichait 100% en ventilation, du jamais vu!

Malgré l'incident, je reçus le programme de la semaine, avec, dès l'après-midi, une nouvelle séance de kiné. La semaine allait être longue, mais j'allais être bien occupé. Le programme était le suivant: respirer sans la machine, de plus en plus longtemps et jusqu'à l'autonomie totale ; avaler et évacuer seul les sécrétions bronchiques ; enfin, avaler des liquides, pour finir la semaine avec peut-être une compote. « Compote » était vraiment un mot qui avait disparu de mon vocabulaire, tout comme le verbe « manger ». Cela faisait plus d'un mois maintenant que je pratiquais le jeûne. J'étais malencontreusement toujours alimenté par une sonde, qui passait par ma narine gauche. Avant toute chose, je devais réapprendre à déglutir. Il fallait en passer par là. Je n'en n'étais pas loin, plus que quelques jours avant le festin. Je rêvais déjà d'une entrecôte-frites et d'un coca. J'arrêtais tout de suite d'y penser, car j'avais déjà un listing important, qui me torturait l'esprit. Il était quatorze heures, et tout était redevenu calme, sauf ma mère.

J'attendais les fameuses séances de kiné respiratoire, qui avaient failli me coûter la vie par leur absence. Une jeunette frappa et entra dans ma chambre, pour m'annoncer, avec un petit accent étranger, ma première séance de kiné. C'était une kinésithérapeute espagnole, qui venait renforcer le contingent français, Julia, je crois. Je basculai quelques instants dans mon passé proche, le coma. Elle me rappelait involontairement mon désagréable séjour espagnol. Je l'écoutais sortir dix mots à la seconde, et rapidement elle me fit redécouvrir à travers son accent charmant, ce beau pays qu'est l'Espagne.

Il me fallait être attentif aux instructions techniques de Julia, qui allait m'apprendre à déplacer les sécrétions stockées dans mes bronches vers mon larynx, pour finir dans mon œsophage avant de descendre dans mon estomac, tout cela pendant l'expiration. En parallèle, elle appuierait lors de chaque expiration sur mes abdominaux, paralysés et inactifs, afin de les remplacer et de permettre une remontée plus efficace. Je comprenais maintenant la très belle machine qu'était le corps humain. Rien n'était laissé au hasard. Chaque organe du corps avait son rôle, et des commandements internes se faisaient naturellement et avec précision, sans que l'on se rende compte de la complexité de ce mécanisme exceptionnel. Il fallait, comme moi, être invalide avec des membres et des organes paralysés, pour se rendre compte de leur utilité. Les abdominaux servaient vraiment pour une multitude de choses : éternuer, tousser, déglutir, soutenir la colonne vertébrale, pousser lors d'une constipation, et bien plus encore. C'étaient vraiment des organes vitaux, et malheureusement j'en étais privé. Il me fallait maintenant composer sans eux, apprendre à vivre et à avancer avec les organes et les membres que Dieu m'avait laissés. Mon bras gauche fonctionnait bien, ma tête de mieux en mieux, et mes canaux lacrymaux à la perfection. Je ne les avais jamais autant utilisés...

À chaque expiration, Julia m'appuyait sur le ventre, et bien entendu je ne sentais rien. Par contre son système était très efficace, elle remplaçait vraiment la contraction de mes abdominaux. Les sécrétions remontaient comme jamais. Le plus difficile était le passage du larynx vers l'œsophage. Ce passage était très délicat, il avait la forme d'un virage très serré et un ralentissement se créait, formant un embouteillage dans le larynx et la trachée. J'endossai le rôle de Bison Futé et en informai ma collaboratrice, par des gestes de la main, afin qu'elle cessât quelques instants de jouer du tam-tam sur mon ventre. Je raclais comme je pouvais à hauteur du virage, et tout doucement l'embouteillage disparaissait, pour laisser place aux prochains arrivants. À mon signal, ma petite Espagnole reprenait les percussions et on finissait ensemble, comme des métronomes, l'évacuation des dernières sécrétions, les plus résistantes. L'exercice était maintenant terminé, et je me sentais en pleine forme. J'avais l'impression de respirer avec trois paires de poumons. L'air se déplaçait dans mes tuyaux avec fluidité et légèreté, comme au bon vieux temps. J'étais ému, c'était la première fois que je ne ressentais aucune difficulté pour respirer. Il me tardait maintenant de passer à l'exercice respiratoire sans la machine. Je voulais voir si sans embouteillages, ma respiration en autonomie se ferait également sans forcer et avec une fluidité identique.

Au fil des jours, je gagnais de l'autonomie, j'étais de moins en moins encombré, et j'arrivais à respirer seul une demi-heure chaque jour. J'avalais l'eau presque comme avant, sans difficulté.

La semaine était pratiquement bouclée et l'objectif avait été atteint. J'attendais le verdict. On était vendredi et on m'annonçait que j'allais être définitivement débranché. J'avais gagné, mes poumons étaient sauvés, et comme récompense j'allais pouvoir tenter la compote. Mes canaux lacrymaux fonctionnaient à plein régime, et il me tardait que l'on m'apporte le festin. Je redoublais la quantité de salive dans ma bouche. Une infirmière arriva, brandissant le pot de compote et s'empressa de me le faire goûter. Je devais garder une certaine concentration pour ne pas aller à l'échec. J'étais habitué à avaler du liquide, mais pas épais comme la compote. Les papilles de mes yeux étaient toutes excitées en voyant le pot, et elles passèrent vite le relais à mes papilles gustatives. Je ne les contrôlais plus. Elles ressentaient le moindre détail dans le goût, c'était tout simplement magique. Je n'avais jamais ressenti une telle profondeur dans le goût, et surtout dans de la compote de pomme. Je jouissais gustativement, et j'en oubliais mes réflexes forcés. Plus besoin, tout se faisait naturellement, si naturellement que mon pot de compote fut fini en deux minutes. C'était l'extase, de retrouver des saveurs oubliées. J'étais gêné seulement par la sonde alimentaire, qui passait dans mon œsophage, et lorsque j'avalais, je sentais que je la comprimais. Je savais qu'elle allait vite disparaître, car j'étais capable enfin de m'alimenter. J'attendais avec impatience la nouvelle étape de l'entrecôte-frites.

Je continuais toujours mes exercices, et la semaine d'après on m'enleva enfin la sonde alimentaire et la machine respiratoire. Je respirais seul maintenant, à mon rythme, et je me sentais libre. J'allais même rencontrer la nutritionniste de l'hôpital et établir avec elle mes premiers repas. Elle avait certes prévu pour moi des aliments broyés, mais j'étais très impatient de les goûter.

Tout se passait très bien et j'évoluais convenablement. Je maîtrisais la respiration, malgré la trachéotomie qui m'était désagréable, mais il n'était pas encore question de l'enlever, au cas où il y aurait eu une urgence. Je mangeais normalement et j'avais bon appétit. Je recevais un peu plus de visites car j'étais plus présentable à mon goût, et j'avais donné quelques autorisations à Caro pour que les visites reprennent. Les amis étaient vraiment pressés de me voir, pourquoi ? Je ne comprenais pas, mais je prenais sur moi et je leur faisais plaisir.

Plusieurs questions commençaient à surgir au fur et à mesure que je reprenais conscience du sens de la vie. Comment allais-je faire pour uriner et déféquer ? Je ne sentais absolument rien. Allais-je porter une sonde urinaire, comme j'avais dans le lit, et des couches comme les bébés ? Ça voudrait dire que j'allais me faire dessus à tout moment et n'importe où, ça ne me paraissait pas vivable et j'espérais que ces questions avaient été envisagées, afin qu'un handicapé comme moi puisse vivre décemment. J'allais reprendre mon métier de policier et enquêter sur le sujet.

Après être allé aux sources des renseignements, des obstacles supplémentaires m'attendaient. J'allais avoir droit à l'EMS, qui plus tard se transformerait en TR. C'étaient des termes techniques dans le milieu médical, concernant le caca. En ce qui concernait le pipi, j'allais devoir me « sonder » régulièrement. Tout avait été prévu, un programme très réjouissant m'attendait, mais le personnel médical préférait m'en parler dans les détails plus tard. Je savais que dans la vie, souvent les problèmes que l'on repousse sont de gros problèmes. J'allais bien voir, mais les exercices scato qui m'attendaient ne me rassuraient pas. Je comprenais que le parcours allait être très long, surprenant et rempli de nouveautés, impensables dans le monde des valides. Vu que j'avais repris une alimentation normale, les premières selles n'allaient pas tarder, la première taupe n'allait pas tarder à sortir de son terrier. Où allait-elle finir ? Dans ma couche, en train de squatter avec ses odeurs nauséabondes ? Non, en EMS.

En ce qui concernait les urines, j'avais déjà un matériel en place qui faisait ses preuves depuis le début de mon séjour, une sonde urinaire que l'on changeait régulièrement. Quand les infirmières se présentaient pour la remplacer, elles attrapaient mon sexe, munies de leurs gants en latex, avec une décontraction et une simplicité déconcertante. De quoi me mettre quelques complexes, comme si les pénis ne représentaient rien pour elles, du moins le mien. Je les regardais et j'avais l'impression d'être dans les arènes de Béziers, en train d'assister à une mise à mort. Elles se positionnaient face à l'urètre de mon pénis, comme un toréador avec son épée face à son taureau, et je voyais la sonde pénétrer tout entière, sur environ trente centimètres. La mise à mort était vraiment parfaite, l'épée était complètement rentrée. Elles méritaient toutes la queue et les deux oreilles. La dextérité était précise, et aucune n'avait tremblé pendant ce geste, l'habitude je suppose. La sonde était reliée à un tuyau, qui finissait dans une poche transparente. La transparence permettait sûrement de contrôler la couleur et la quantité des urines.

L'EMS était l'Exercice Manuel et Sportif, mais pas seulement ça. Du sport, il allait y en avoir, du manuel aussi, et de l'exercice beaucoup. Je fus pris d'un fou rire lorsqu'on m'annonça la vraie signification de ces initiales : Extraction Manuelle des Selles, c'était donc ça. On allait en quelque sorte aller me chercher la merde. Je ne savais pas que les blouses blanches étaient payées pour mettre des doigts au cul. J'allais me faire dépuceler dans un hôpital, en subissant une pénétration anale avec un doigt, voire deux, avec la chance que j'avais. C'était tout simplement délirant, et on vous expliquait ça avec une sérénité et une décontraction incroyable. Pendant que je m'alimentais, je n'arrêtais pas de penser à ma sodomie du lendemain, car malheureusement les festivités devaient commencer au plus vite. J'espérais qu'ils allaient m'envoyer une vieille blouse blanche, avec de l'expérience et des doigts pas trop gros. Je savais que je n'allais rien sentir, mais j'avais toujours respecté mon anus auparavant, avec son job tellement ingrat et si délicat, je ne voulais pas lui ajouter un supplice supplémentaire. Avant les EMS, il fallait préparer le terrain, grâce à quelques vérifications préliminaires, en pratiquant un TR, un Toucher Rectal, ce que l'on conseille à tous les hommes de plus de cinquante ans de faire effectuer régulièrement, afin de vérifier la bonne santé de leur prostate. En ce qui me concerne, il s'agissait de vérifier la présence d'excréments.

Le jour viendrait et je savais que j'allais être condamné à subir cette nouvelle formation, qui allait me faire découvrir de nouveaux gestes. Mon index gauche allait flirter avec mon anus et mon ampoule rectale, en causant obligatoirement des dégâts collatéraux : l'humiliation de devoir s'auto-sodomiser en touchant sa propre merde. C'étaient ces fameux problèmes pour lesquels ils ne voulaient pas encore rentrer dans les détails, mais ce n'était pas la peine de me faire un dessin, j'avais compris.

Ma vie allait complètement changer, et elle allait être remplie de nouvelles tâches contraignantes. Le corps a été conçu pour que rien ne manque. Si vous avez le malheur de lui prendre beaucoup, il vous le rend bien. Mon cas était vraiment exceptionnel. On lui avait pratiquement tout pris, du moins il était très abîmé, et automatiquement une montagne de contraintes m'attendait. Je pensais très souvent à la mort, et il m'arrivait la nuit de la réclamer. Je souffrais trop, psychologiquement et physiquement. Mon état s'améliorait, mais j'étais conscient que sans mes jambes, sans mes abdos, sans mon bras droit, sans mes sensations, la vie allait être un enfer. Je ne savais plus, entre la sodomie du lendemain et toutes ces pensées noires, où trouver la force nécessaire pour positiver. Le meilleur moyen était de fermer les yeux et d'essayer de trouver le sommeil.

Le lendemain, à chaque fois que le seuil de la porte de ma chambre était franchi, j'étais sur mes gardes et très attentif à toutes les personnes qui se présentaient, j'attendais l'heureuse élue qui allait venir « me chercher la merde ». Finalement, ce fut une des infirmières qui m'était très familière. Nous avions déjà eu des liens très intimes. Elle s'était occupée de mon pénis en effectuant quelques mises à mort. J'étais donc plus détendu, et j'espérais que mon sphincter en fasse de même. Elle me mit en PLS, Position Latérale de Sécurité, pour avoir la cible à vue.

C'était parti, elle avait commencé le travail, elle avait pénétré mon arrière-train, d'après ses dires, car je ne sentais rien. Je sentais seulement mon corps bouger, comme si elle insistait afin d'aller atteindre mes abysses. J'étais maintenant dépucelé. Elle fouillait abondamment mon ampoule rectale, enfin d'en sortir un bon butin. L'acte consommé, j'étais vidé, séparé de mes détritus. Elle me fit reprendre ma position initiale dans le lit et elle quitta ma chambre, sans dégoût, avec la même décontraction que lors des mises à mort de mon pénis. J'étais très impressionné par ce comportement serein et dépourvu d'émotions.

Je savais qu'il était possible maintenant de me vider, avec de l'aide, et je devenais plus serein lorsque je passais à table. Mon appétit avait redoublé, j'étais rassuré par l'efficacité du doigté. Dans ces moments-là, il fallait vraiment mettre de côté son côté pudique, ça tombait bien, je ne l'étais pas, j'étais d'ailleurs assez exhibitionniste, j'adorais, dans ma vie antérieure, faire le con à poil. Mais l'humiliation était désormais souvent au rendez-vous, il fallait donc en faire très rapidement abstraction. La virilité que représentait un homme, par sa force physique et sexuelle, avait disparu, et je savais que je n'allais peut-être plus jamais retrouver ces deux atouts, majeurs chez un homme. Quand j'y pensais, j'étais dépité.

Quel avenir m'attendait ? Je me forçais, encore et toujours, à oublier mais c'était impossible. L'heure du repas de midi sonnait et je vis mon plateau arriver, j'allais enfin pouvoir prendre un peu de plaisir.

Les jours suivants se ressemblèrent, on avait seulement ajouté à mon planning habituel le toucher rectal du matin, avec si besoin l'évacuation des selles.

Au fil des jours, je devenais de plus en plus performant en respiration, en évacuation des sécrétions bronchiques, en déglutitions, en évacuation des selles, et mon bras droit commençait à redonner des signes de vie. J'étais tellement performant que l'on vint me proposer une nouvelle étape, dans la formation continue pour le réapprentissage de ma nouvelle vie. J'allais manger solide, et essayer de reparler. Mon entourage était vraiment très fier de moi et sentait que je me battais pour avancer et progresser. Ma mère étant du milieu – c'est une ancienne infirmière – elle subissait ce que je subissais, surtout qu'elle me suivait de très près, par inquiétude. Contrairement aux autres, elle connaissait tous les supplices que je rencontrais. Mon entourage, mes amis, mes collègues, étaient loin de s'imaginer cette vitrine cachée. Ils voyaient simplement quelqu'un dans un lit, qui avait été gravement accidenté et qui attendait qu'avec le temps, la nature le répare.

Le soir de ce nouveau programme, j'allais tenter d'avaler du solide mais pas n'importe quoi. Je voulais vraiment me faire plaisir avec un bon repas, pas forcément gastronomique mais gustatif. Je voulais absolument éviter, pour cet événement, le plateau-repas du chef non étoilé de l'hôpital. Après réflexion, entre les sushis et les hamburgers, je choisis le bon vieux Big Mac de chez Mac Donald's. Je savais que ce n'était pas du tout diététique mais que j'allais prendre mon pied, surtout qu'il allait être accompagné d'un maxi Coca. Après sa livraison, l'odeur s'était rapidement introduite dans mes narines et je salivais abondamment. Je m'interdisais d'ouvrir la bouche comme une carpe pour en avaler le plus possible dès ma première bouchée. C'était frustrant, mais obligatoire pour ma survie, il fallait éviter l'étouffement. Je ne me reconnaissais pas, je devenais très raisonnable, contrairement à ce que j'étais dans ma vie d'avant, et petite bouchée par petite bouchée, je fis disparaître le Big Mac.

C'était de nouveau l'extase, la jouissance pure, mes papilles gustatives ne répondaient plus de rien. Ce moment restera unique, comme le jour où j'ai retrouvé mon autonomie respiratoire. Une sensation d'évasion dans mes plaisirs, couronnée d'une pleine liberté. J'étais seul au monde, sur mon petit nuage. Je terminais par une rivière de Coca, qui termina de m'achever de plaisir. Tout était descendu dans mon estomac, et même très bien. Je pensais déjà à la pauvre blouse blanche qui allait devoir évacuer mon premier hamburger...

Le cerveau humain, du moins le mien, devenait obsessionnel envers tous les faits et gestes que je ne pouvais plus faire. Je savais que plus je mangeais et plus j'allais me retrouver tributaire de quelqu'un pour éliminer en fin de parcours ce que j'ingurgitais. Le manque d'autonomie me plongeait constamment dans des angoisses et des peurs. Je me remettais sans cesse en question. Je me comparais à un animal sauvage, blessé dans la jungle. Je savais que sans aide, j'étais foutu et j'allais rapidement mourir, comme lui. Cette sensation de dépendance et d'impuissance me détruisait. Il me restait l'épreuve de la parole. J'allais peut-être pouvoir arrêter de brandir mon ardoise comme à l'École des fans, et pouvoir enfin cesser toutes ces gestuelles avec mon bras gauche. Ma petite kiné était présente pour l'exercice, épaulée par une aide-soignante qui serait là pour boucher ma canule. Quand je respirais, beaucoup d'air entrait et sortait par la canule, et elles allaient, pour l'exercice, obturer ce passage afin que mes cordes vocales puissent correctement vibrer, en recevant suffisamment d'air expiré. Avec leurs explications, je découvrais un peu plus les mécanismes ingénieux du corps humain, et j'admirais de plus en plus son fonctionnement et sa complexité. J'étais rebouché, mon cou était redevenu étanche, et je respirais par mes trois orifices, comme à ma naissance. Je ressentais déjà que l'air avait plus de mal à circuler, il fallait que je me réhabitue. Cette première séance fut désastreuse, les cordes vocales ne voulaient rien savoir et elles restaient figées, refusant de se soumettre aux vibrations. Je restais muet, mais dès la deuxième séance elles commençaient déjà à céder à la tentation et se mettaient à émettre des sons. C'était des sons d'un autre monde, j'étais en pleine imitation de Nono le petit robot, l'ami d'Ulysse, dans le dessin animé de mon enfance. C'était marrant, et j'étais content de pouvoir enfin m'exprimer de vive voix.

Je concrétisais et validais de jour en jour ma formation. On finit par boucher définitivement ma canule, en attendant le retrait total de ma trachéotomie. Je mangeais et buvais normalement et je reprenais peu à peu l'accent toulousain. Mon bras faisait d'énormes progrès et ma main droite réagissait à mes ordres. Mais malgré toutes ces améliorations, j'étais ce qu'on appelle un paraplégique complet.

Ma tension était normale, mais il fallait maintenant la tester en position assise. Les personnes alitées pendant longtemps rencontrent des difficultés en reprenant la position assise, et font régulièrement des malaises vagaux. Il fallait donc commencer à réhabituer mon corps à tenir la position assise. On me présenta un nouvel appareil, une sorte de petite grue avec un siège en toile, qui servirait à me soulever. C'était le fameux « lève-malade », qui allait me permettre de passer du lit au fauteuil. Lors de la manœuvre, les infirmiers passèrent la toile sous mes fesses, qui enveloppa par la suite tout mon corps en laissant pendre les jambes. C'était très astucieux, sauf que l'infirmier chargé de cette manœuvre avait sûrement oublié que j'étais blessé à la clavicule droite. Il leva la grue pour me faire monter dans la toile et lorsque cette dernière se tendit sous le poids de mon corps, je ressentis une vive douleur à la hauteur de la clavicule, accompagnée d'un crac osseux. J'étais furax et dégoûté, j'essayais au mieux de me réparer et un infirmier incompétent détruisait et mettait en péril mes progrès. De douleur, je serrais les dents, et je l'informais de sa bêtise en exigeant, après cet exercice, que l'on procède à une radio de contrôle. L'exercice avait vite été bouclé, je ne tenais pas la position assise et j'enchaînais les malaises vagaux. L'incompétent, avec son air narquois, me remit au lit en position couchée, à l'aide de son machin. La douleur claviculaire persistait. Après vérification avec les radios, ma levée avait en effet provoqué une aggravation sur une fracture, déjà présente, du trochiter droit, en pleine consolidation. J'étais reparti pour avoir le bras droit immobilisé pendant quelques jours. C'était une fracture supplémentaire, en plus de celles déjà répertoriées.

L'escarre « sacrée » me suivait également, et aucune évolution positive n'avait été constatée. Une quelconque amélioration était impossible tant que je resterai allongé, car j'avais le sacrum en contact permanent avec le matelas, ce qui ralentissait la guérison de l'escarre. Il fallait donc que j'adopte une position différente, et que je dorme sur le côté. Pendant les débuts de mon hospitalisation, cette position n'était pas envisageable en raison de mes problèmes respiratoires et autres traumatismes.

Maintenant, les prochaines étapes allaient donc être de récupérer totalement mon bras droit, guérir l'escarre et récupérer ma tension en position assise.

J'avais atteint un stade qui me permettrait bientôt de quitter les hôpitaux pour rejoindre les fameux centres de rééducation fonctionnelle. Les hôpitaux ne pourraient bientôt plus rien pour moi, et il fallait que je choisisse un centre de rééducation. Le choix était vite fait, il n'y en avait qu'un dans la région toulousaine, c'était celui de Verdaich, à Gaillac-Toulza, à environ une heure de Toulouse. Il avait une bonne réputation, et j'étais pressé de changer d'air. Ma famille se chargea rapidement de déposer une demande, afin que je sois très vite pris en charge et que je puisse continuer ma très belle progression. Une réponse rapide m'annonça que j'étais accepté dans ce centre, mais uniquement dans trois semaines, le temps qu'une chambre se libère.

Quelques jours plus tard, je reçus, surpris, la visite de mon père. Mon père que je n'avais pas vu depuis près d'un an. Nous avions une relation assez tendue depuis quelques années. Nous n'avons pas la même conception de certaines choses de la vie. Mon père est un homme avec une sacrée fierté, comme je n'en ai jamais rencontré ailleurs. Il est assez sectaire sur certains sujets et dès que vous pensez autrement que lui, surtout si vous êtes son fils, il le prend comme une trahison, et vous devenez pour lui très irrespectueux, voire même vous le prenez pour un con. J'ai hérité de son caractère très fort, et tous les deux on ne lâche rien. Je ne peux pas, lors de certaines discussions, lui dire ce qu'il ne veut pas entendre, car la voix du patriarche est la seule voix à entendre et il faut s'y soumettre. Petit, et jusqu'à ma majorité, j'étais obligé de m'y soumettre, mais il a sûrement dû oublier que j'ai grandi et que je suis devenu un homme autonome, avec le droit de penser différemment et de prendre mes propres décisions. Il me semble que dans la vie les débats commencent lorsqu'au moins deux opinions sont différentes. Les débats sont donc quasiment impossibles avec lui. Cependant, je reste à l'écoute de ses conseils tout en les respectant, mais sans en prendre forcément la direction.

Voilà pourquoi nos relations sont tendues. Mais en parallèle, c'est quelqu'un de très sensible, avec un cœur énorme dans un corps d'athlète. Mais il a toujours cette impulsivité qui lui colle au corps. Il s'est séparé de ma mère quand j'avais dix ans. Il aimait séduire et rouler des mécaniques, il en avait tous les atouts. Il avait seulement oublié qu'il était marié avec trois enfants. Il partit donc rapidement dans des aventures d'adultère, jusqu'à ce que ma mère le découvre. Ce fut donc la séparation, qui je pense, l'aura laissé pendant longtemps sur le cul. Mais c'était trop tard, ma mère n'en voulait plus, elle avait trop souffert. Il ne fit aucune histoire pour le reste, il devait sûrement culpabiliser. Ma mère se retrouva donc avec la maison et les trois enfants, Benjamin, à peine un an, moi-même, dix ans, et ma sœur Alexandra, onze ans et demi.

C'était une nouvelle vie qui commençait pour ma mère. Elle savait qu'elle devrait maintenant tout assumer seule, avec trois enfants. Je suis très fier d'elle, car seule, elle aura su nous apporter tout l'amour nécessaire, l'éducation et les valeurs de la vie. Mon père, malgré son départ, venait très régulièrement nous rendre visite et nous divertir. Il m'amenait aussi régulièrement en week-end avec lui. C'était génial, c'étaient toujours des week-ends très sportifs. Il était très exigeant dans le sport, l'esprit de compétition régnait tout le temps. J'ai vraiment gardé ça en moi, cette force de caractère, et je le remercie, car de ce côté-là, je lui dois tout, c'est grâce à lui que j'aurai atteint mes objectifs, que j'aurai su me défendre et me surpasser, dans la vie et en compétition sportive. Il aura su m'inculquer les valeurs de la vie, la rigueur mais aussi quelques peines. J'aurais seulement aimé qu'il comprenne que la vie est si courte, que la dispute est si stupide, qu'il aurait pu mettre de temps en temps sa fierté de côté pour passer plus de temps avec ses enfants et ses petits-enfants. Peut-être qu'il s'en apercevra un peu tard ou peut-être tout simplement qu'il n'en souffre pas et que ça lui va bien comme ça.

La séparation ne m'aura jamais perturbé, car je vivais chez ma mère et mon père n'était jamais très loin. De plus mamie Eugénie était là pour les moments difficiles et je me réfugiais régulièrement chez elle. J'ai vraiment passé une enfance heureuse.

Ce jour-là, mon père entra dans ma chambre et je le sentais un peu gêné, depuis tout ce temps. Les retrouvailles se faisaient sur un malheur, j'aurais préféré d'autres conditions. Nous échangeâmes quelques mots et il me dit qu'une nouvelle vie m'attendait, que c'était la vie, que ce n'était pas grave et qu'il fallait le prendre comme une nouvelle compétition, en se rééduquant un maximum. Il était déjà sur les starting-blocks, pour m'aider à commencer la rééducation. Mais il était hors-sujet, et ne se rendait pas compte à quel point j'étais abîmé. Je n'étais même pas capable de maintenir une tension normale sans bouger, alors avec un effort comme il le souhaitait, ça aurait été le malaise vagal direct. Son humour revenait vite et il prenait tout à la dérision. J'aimais bien ça, je suis comme lui sur ce point, par contre ma mère n'était pas du même avis et continuait à se faire du souci. Je retrouvais le tableau de l'époque, avec mon père jamais inquiet et ma mère tremblante d'inquiétude. Il repartit content de m'avoir revu, même dans cet état, et je restai avec maman jusqu'au soir.

Quelques jours plus tard, on m'annonça que je quittais l'hôpital de Purpan pour une escale au service de rééducation fonctionnelle de l'hôpital Rangueil, dans l'attente de partir pour le centre de rééducation de Verdaich. J'étais viré, j'étais devenu trop bon pour eux, et je venais de franchir une épreuve, celle de vivre et de rester stable physiquement.

Le jour venu, les ambulanciers vinrent me chercher avec toutes mes affaires, et j'allais enfin prendre l'air un court instant dehors avant de retrouver une nouvelle chambre. Le transport fut très douloureux, les secousses de l'ambulance me faisaient vibrer tout le corps et déclenchaient des douleurs électriques. Lorsque j'arrivai à Rangueil, je reconnus, ému, ces urgences si familières qui me rappelaient toutes les escortes Samu que j'avais faites à Toulouse et que je ne ferais sûrement plus jamais. J'empruntai, comme dans tous les hôpitaux, des couloirs en labyrinthe pour arriver à mon service et à ma chambre. Il n'y avait pas grand monde pour m'accueillir. Une infirmière montra la chambre aux ambulanciers et je fus déposé comme un paquet dans mes nouveaux appartements.

Je reçus la visite d'une kiné, décidément encore une Espagnole, Sylvia. Elle m'annonça le programme pour les quinze jours à venir, avant d'intégrer Verdaich. J'allais essentiellement travailler la verticalisation. La verticalisation est un exercice qui consiste à nous positionner sur un lit qui peut basculer pour nous permettre de retrouver la position debout. Cet exercice est très difficile lorsqu'on a été longtemps alité. Il fallait donc y aller en douceur, en augmentant très doucement l'angle de verticalisation. Ma tension décrochait très vite dès les premiers essais et j'enchaînais malaise vagal sur malaise vagal. Je comprenais que j'étais vraiment très faible et que mon cœur était très diminué. Je devais le réhabituer à ne plus pomper uniquement horizontalement, mais aussi verticalement. Le chemin, d'après Sylvia, allait être long, mais je devais absolument en passer par là.

On soigna également pendant ce séjour mon escarre, mais je comprenais, d'après les dires des infirmières, qu'il n'y avait aucune amélioration, leur protocole ne fonctionnait pas, elles étaient hors-sujet. Plusieurs protocoles existaient pour soigner les escarres et chaque établissement avait son protocole. D'après l'interne, j'allais bientôt devoir subir une greffe, si aucune amélioration ne survenait. Les jours passaient et l'escarre stagnait, je stagnais également côté kiné, les malaises devenaient mes alliés, mais le départ pour le centre de rééducation approchait. L'avant-dernier jour avant le départ, on décida, comme j'avais retrouvé une bonne stabilité respiratoire, de m'ôter enfin la trachéotomie. Son retrait fut très rapide, j'avais l'impression de me faire retirer une arête qui s'était coincée dans ma gorge. On me mit à la place un pansement étanche et le lendemain, le trou s'était déjà refermé.

J'allais pouvoir enfin voir ma fille. En effet, j'étais convenu avec Caroline, pour éviter un trop grand choc, que les retrouvailles avec Charlotte ne se feraient qu'une fois la trachéotomie enlevée, afin qu'il n'y ait rien d'anormal pour elle, qu'elle puisse retrouver son papa identique à celui qu'elle avait quitté. Le jour venu, je découvris Charlotte toute contente, mais un peu timide. J'étais ému et je pensais déjà que je ne pourrai plus assumer pendant quelque temps mon rôle de père, et cette pensée me semblait insurmontable. Le père fort et protecteur que j'étais auparavant avait disparu. J'étais déboussolé et meurtri de ne plus pouvoir assumer mon rôle de père. On aida Charlotte à monter sur mon lit, et malgré mes douleurs physiques qui s'accentuaient, je la serrais fort dans mes bras un court instant. Un instant magique mais douloureux.

Elle repartit ensuite avec Caro sans s'être aperçue de rien, souriante, en me faisant un petit signe de la main. Nous avions bien assuré, elle ne s'était aperçue de rien.

J'étais maintenant prêt pour quitter définitivement les hôpitaux pour le centre de rééducation. Le lendemain, une heure de route en ambulance m'attendait.

LE PREMIER CENTRE DE RÉÉDUCATION

Le lendemain, après une heure de route, j'arrivai au centre de rééducation fonctionnelle de Verdaich. Il était perdu en pleine nature, et consistait en un château réaménagé en clinique additionné de bâtiments annexes plus récents, mais quand même vieillissants. Ceci dans un grand et très beau parc arboré. Pourtant, je savais que ça n'allait pas être la vie de château. On m'attribua rapidement une chambre, la numéro 8. Elle se trouvait au rez-de-chaussée et je la trouvais petite.

Après avoir passé différents examens d'entrée, je rencontrai le chef de service. Il m'expliqua rapidement que j'étais dans ce centre pour me rééduquer, en espérant peut-être récupérer un peu de mes membres, mais me prévint qu'il ne fallait pas trop espérer. Ma mission essentielle allait être d'apprendre les nouveaux gestes de la vie correspondant à mon handicap. Ce n'était pas vraiment encourageant et réjouissant, mais au moins c'était clair. Il m'annonça que l'urgence était de guérir mon escarre, du moins de l'améliorer, pour pouvoir commencer la kiné.

Après lecture de mon dossier – il avait rarement vu un dossier médical aussi épais que le mien – il me félicita d'être encore sur terre. Il reprit successivement, devant moi, l'énumération de toutes les blessures que j'avais subies, et je découvrais que l'inventaire était incomplet. J'avais vraiment morflé, d'ailleurs il ne savait pas par où commencer. J'avais subi un traumatisme crânien avec perte de connaissance, une fracture complexe du bassin avec disjonction pubienne, une disjonction sacro-iliaque gauche, une fracture de l'aile iliaque avec hématome dans le muscle psoas et saignement actif, une fracture déplacée du trochanter droit, une fracture fermée de la diaphyse fémorale droite, une luxation du genou gauche, une entorse grave du rachis T2-T3 avec rupture du ligament longitudinal communiquant postérieur et du ligament inter-épineux, une contusion médullaire majeure sans hématome épidural compressif, thoracique haut T1-T4, une lame de pneumothorax bilatérale avec épanchement pleural bilatéral, une contusion pulmonaire bilatérale à la partie antérieure du lobe supérieur, un pneumo-médiastin, une fracture des apophyses transverses de L5 et de l'apophyse transverse gauche de L1-L2-L3, une fracture de la douzième côte droite, une lésion du plexus brachial droit... J'étais vraiment très abîmé et je commençais à me dire que je prenais le chemin de l'Homme qui valait trois milliards. Je m'impressionnais moi-même par ma résistance, et j'étais fier de moi.

Ce jour-là, je ne savais pas si c'était à cause du transport ou du changement d'air, mais je souffrais terriblement. De nouvelles douleurs, insupportables, s'étaient ajoutées aux précédentes. Je reçus tout de suite un nouveau traitement, qui me faisait planer mais qui n'avait aucun effet sur mes douleurs. Je devais m'endormir avec les bras en l'air, ils ne supportaient plus aucun contact, même pas l'effleurement des draps. J'avais l'impression que l'on m'enfonçait des cactus dans chaque coude. L'enfer était vide, tous les démons étaient ici avec moi.

Les premiers jours à Verdaich se ressemblaient, les nuits aussi. Je planais avec mes douleurs et j'avais l'impression de régresser. Les aides-soignantes venaient, comme à l'hôpital, faire ma toilette du matin, au gant. On me bougeait dans tous les sens pour ne pas oublier une seule partie de mon corps, en finissant par l'extraction manuelle des selles et le changement des sondes urinaires. Une infirmière prenait ensuite le relais et venait curer mon escarre sacrée, dont j'espérais qu'elle guérisse au plus vite. À l'issue de ces opérations, complétement drogué, je me rendormais, accompagné de mes douleurs.

Je mangeais dans ma chambre, contrairement à beaucoup de patients qui se rendaient au réfectoire. Pour bénéficier de cette faveur, il fallait que j'attende que l'escarre aille mieux, pour que je puisse commencer la verticalisation et ensuite garder la position assise. Le chemin allait être long et il me paraissait insurmontable, de véritables montagnes se dressaient devant moi.

Après quelques jours, je demandais l'arrêt du traitement antidouleur, qui était inefficace et qui me mettait dans un état second, m'empêchant même de parler aux personnes qui venaient me rendre visite. Le personnel médical accepta sans opposition et j'encaissais les douleurs. Sans les drogues, ma tête reprenait peu à peu ses esprits, par contre je vivais 24 heures sur 24 avec ces douleurs neurologiques qui me hantaient.

Un matin, je vis arriver pour ma toilette un homme, costaud, avec un tatouage représentant un bateau sur l'eau sur son avant-bras droit. J'allais avoir droit au premier dépucelage par toucher rectal effectué par un garçon et quel garçon ! Je me posais une seule question : comment allait-il m'entreprendre ? Avec dextérité ou comme un bourrin ? Lorsqu'il commença, je l'observai plus que jamais. Son doigt faisait office de quille de bateau car il utilisait son bras droit tatoué. Lorsqu'il entama la pénétration, je vis le niveau de la mer baisser et j'espérais voir le plus longtemps possible la coque du bateau. Inquiet de ne plus la voir, mais uniquement les voiles, je lançais un signal d'alerte : « C'est bientôt fini ? » J'espérais seulement que le bateau ne finisse pas par sombrer. La quille devait vraiment toucher le fond de ma prostate, voire les intestins. J'avais l'impression qu'il y prenait du plaisir et qu'il voulait reproduire la scène du Titanic. J'étais content de ne rien sentir et je priais pour que mon sphincter me soit rendu intact. Je savais déjà que cette scène resterait inoubliable.

Le tatoué m'informa qu'il me fallait en prendre de la graine, car j'allais un jour le remplacer. Le centre de rééducation allait donc aussi m'apprendre la meilleure façon de me mettre un doigt dans le cul pour en extraire ma propre merde. C'était un programme très motivant. C'était tout simplement impensable et hallucinant, mais malheureusement je ne rêvais pas. Cela faisait partie des tâches quotidiennes de la nouvelle vie qui m'attendait.

Les jours suivants, l'instructeur tatoué revenait chaque matin faire naviguer son bateau, et il en profitait pour m'informer sur mon anatomie anale et son fonctionnement. Il changeait régulièrement ma sonde urinaire, jusqu'au jour où une infirmière spécialisée dans les problèmes de vessie débarqua pour une petite formation. J'allais devoir également être autonome pour faire pipi et donc apprendre à me « sonder ». Finie la sonde urinaire permanente. Elle m'expliqua que lorsqu'on devient paraplégique la vessie n'est plus contrôlée, elle se contracte à tout moment et se vide donc de son urine sans prévenir. Afin d'éviter qu'elle se contracte sans être pleine, j'allais devoir suivre, à vie, un traitement qui permettrait de la faire tenir quatre heures entre chaque sondage. J'allais également suivre une formation pour apprendre à faire entrer une sonde dans mon urètre toutes les quatre heures, afin de vidanger ma vessie. L'infirmière me précisa qu'il fallait respecter certaines mesures d'hygiène lors de la pénétration de la sonde et boire beaucoup, afin d'éviter les infections urinaires à répétition. J'étais vraiment perdu avec tout ce « pipi-caca ». Auparavant, je ne me posais aucune question, la sensation travaillait seule et me donnait l'ordre de baisser la braguette ou le pantalon. C'était si simple, alors que là je ne maîtrisais plus rien, j'étais obligé d'aller à la rencontre de mes urines et de mes excréments, ce qui m'annonçait une horreur et une pénibilité hors du commun. La liste de ces nouveaux gestes nécessaires pour vivre commençait à devenir longue et contraignante. Je paniquais vraiment et je rêvais de mourir. Je ne me voyais vraiment pas assumer tous ces gestes au quotidien, et traîner à vie ma paraplégie.

Mais j'appris très vite à me sonder et le traitement médicamenteux était efficace : je n'avais aucune fuite urinaire entre les sondages. La nuit, je mettais le réveil toutes les quatre heures, c'était très pénible, surtout que je mettais souvent beaucoup de temps à m'endormir, et à peine avais-je sombré dans le sommeil que le réveil sonnait. Les douleurs persistaient mais je devais apprendre à vivre avec. Le ciel m'était tombé sur la tête, et je devais puiser profondément dans mes ressources pour tenir. Je devais continuer à me battre, après tout ce que j'avais déjà combattu depuis mon accident. Je devais au moins essayer.

Mon escarre allait un peu mieux d'après le médecin, et on allait enfin pouvoir commencer la verticalisation. Il était très important pour mon moral que je récupère au plus vite la tension et donc la position assise, afin de pouvoir quitter ma chambre et rencontrer les autres patients, ce qui me permettrait de retrouver une vie sociale. C'était primordial pour mon moral, car l'isolement ne ferait que renforcer la dépression, qui bien entendu était déjà présente.

Les premiers jours de kiné, les brancardiers venaient me chercher pour me transférer de mon lit sur un autre lit, ambulant, un lit plus étroit destiné à me transporter jusqu'au gymnase qui faisait office de salle de kiné. Je découvrais les locaux lors de la progression vers le gymnase sur mon lit roulant, et je croisais beaucoup de gens invalides en fauteuil. On était dans le royaume des fauteuils roulants. Les personnes les plus amochées étaient en fauteuil roulant électrique, et les autres, plus autonomes, en fauteuil manuel. Et pour les pires cas, c'était le lit roulant, comme pour moi.

Arrivés au gymnase, nous étions une trentaine de patients, tous avec des traumatismes différents. Il y avait énormément de vieux, qui étaient là essentiellement suite à des AVC. Les plus jeunes étaient la plupart du temps des accidentés de la route, comme moi. Je me croyais dans un hospice et il fallait à nouveau que je puise profondément dans mon mental pour accepter cette ambiance lugubre. Je rejoignis Fanny, la kiné qui allait me prendre en charge, tout en slalomant à travers les différents ateliers du gymnase, occupés par une ribambelle de kinés en action avec leurs patients.

J'arrivai à mon stand et je fis plus ample connaissance avec Fanny. C'était une jeunette d'une vingtaine d'années. Elle me présenta mon premier exercice pendant qu'elle nettoyait la banquette sur laquelle j'allais prendre place pour effectuer mes premières verticalisations. On venait d'en sortir un vieux, qui apparemment s'était plus ou moins fait dessus. Mon sens olfactif avait été dérangé, dès l'entrée dans le gymnase, par des odeurs d'urine et de sueur. Cela s'était vite accentué lorsque j'avais pris position sur la banquette. Le personnel était très limite sur l'hygiène, et les kinés ne s'attardaient pas sur le nettoyage du matériel des différents ateliers de rééducation. C'était de plus un matériel vétuste, qui datait de la reine Jeanne, ou bien les actionnaires du centre de Verdaich avaient oublié d'investir pour le confort de leurs patients.

Je compris par la suite que nous n'étions pour eux que du bétail, qui servait à spéculer et enrichir la poignée de personnes qui géraient ce centre de rééducation. J'étais outré, et je ne pouvais pas croire que dans notre pays, si contrôlé, ce centre passe avec succès les différentes inspections d'hygiène. Je posai la question, et je reçus tout de suite une réponse très logique. Apparemment, d'après certains employés, le centre était prévenu plusieurs jours à l'avance d'une inspection d'hygiène. Ça leur permettait de se retourner et de nettoyer de fond en comble tous les locaux afin de passer sans problème le contrôle qualité. Peut-être que les méthodes avaient changé ces derniers temps, car je constatais que le dernier contrôle de qualité et hygiène affiché sur les murs de l'établissement remontait à plusieurs années en arrière, et que Verdaich, par rapport à sa vétusté, son hygiène et sa qualité, avait vraiment manqué à la règle.

J'étais maintenant positionné sur ma banquette, transformée en pissotière par les patients précédents et incontinents, ficelé comme un rôti pour ne pas tomber lors de la verticalisation, et je pouvais commencer l'exercice. Fanny m'inclina à trente degrés pendant une heure, puis je regagnais ma chambre, accompagné de l'odeur de pisse de la banquette, qui s'était imprégnée dans mes vêtements. Je répétais ces exercices les jours suivants, et

Fanny, au fur et à mesure de mes progrès, augmentait l'angle de verticalisation.

Je finissais par m'habituer aux odeurs et elles devenaient si familières que je ne les sentais plus. L'escarre stagnait mais ne s'aggravait pas, et je commençais à tenir la tension en position assise. Le médecin me proposa alors un fauteuil électrique, pour que je puisse quitter ma chambre quelques heures chaque jour et que je retrouve une vie sociale en allant rencontrer les autres patients du centre. J'allais même pouvoir manger au réfectoire. J'étais limité à deux heures de fauteuil par jour, pour éviter de rester trop longtemps assis sur mon escarre. J'étais sur le point de franchir une étape très importante : pouvoir quitter pendant deux heures quotidiennement ces deux mètres carrés que représentait mon lit et qui étaient mon territoire corporel. J'allais retrouver quelques moments de liberté, me promener dans le parc au contact de la nature et respirer ses mélanges de parfums à plein nez. J'allais, pendant deux heures, pouvoir quitter toutes ces odeurs médicinales avec ces mélanges de sueur, d'urine, de javel, d'excréments, de vomi, d'alcool à 90 degrés ; quitter également tous ces bruits de machines, d'ascenseur, de portes qui claquent, de patients qui crient de douleur... À moi l'odeur des arbres, des fleurs, de l'herbe, à moi le chant des oiseaux et tous les petits bruits harmonieux de la nature !

J'acceptais, impatient, la proposition du docteur et je reçus ensuite la visite de l'ergothérapeute, qui venait me présenter mon nouveau jouet. C'était un fauteuil électrique de couleur rouge, qui avait déjà vécu, à en juger par son aspect. Les brancardiers me transférèrent aussitôt, sur ordre de mon ergothérapeute, et je quittai mon lit pour le fauteuil.

L'ergothérapeute m'apprenait les gestes fondamentaux pour piloter l'engin. Je quittai la chambre avec elle et on se rendit dehors, sur le parking, pour les premiers essais. Vu mes antécédents de pilote, je passai rapidement l'épreuve de conduite. Elle me laissa seul et j'oubliais toutes mes galères, j'étais inconsciemment heureux. J'étais seul, livré à moi-même et autonome dans mes choix. Je choisis très vite de prendre le large et de faire un voyage itinérant dans le parc. Le fauteuil se pilotait avec un joystick. Lors de l'excursion, les souvenirs revenaient au galop et je comparais ma vie d'avant, où je pilotais des bolides, et ma vie de maintenant, dans ce parc, où je me retrouvais avec un engin qui frôlait à peine les dix kilomètres à l'heure en vitesse de pointe. J'étais tellement faible physiquement que j'avais l'impression de rouler à deux cents kilomètres à l'heure...

Je stationnais mon bolide près du terrain de basket pour contempler le parc. Un moment magique et inoubliable, la nature m'appartenait et je n'avais plus aucune blouse blanche autour de moi.

Malheureusement, dans ces moments-là, le temps passe plus vite, et je dus déjà regagner ma chambre. Je croisais des patients qui avaient l'habitude de me voir uniquement sur un lit roulant pour les séances de kiné au gymnase, et qui me félicitèrent de ma nouvelle acquisition.

On me recoucha expressément, car j'avais dépassé mon quota d'heures en position assise. Il était donc exclu que je prenne ce jour-là mon premier repas au réfectoire. Mon entourage était super content de me voir progresser dans mon autonomie, mais c'était l'inverse dans ma tête, je voyais à chaque progrès une nouvelle épreuve qui allait compliquer un peu plus ma vie, et je savais que la liste s'allongerait encore et encore, de quoi m'effrayer et retomber dans les angoisses.

Ma mère habitait Tarbes, et elle avait loué une maison près du centre de rééducation pour éviter les allers-retours et permettre à la famille et aux proches éloignés de pouvoir rester quelques jours auprès de moi. Les week-ends, elle profitait de la présence de mon meilleur pote d'enfance, Stéphane, qui venait me rendre visite régulièrement les dimanches avec sa compagne Cathy et m'apporter un super repas. Il amenait toujours des produits frais du matin, qu'ils s'étaient procurés au marché de Tarbes avant de prendre la route pour Verdaich. Steph organisait avec Cathy un pique-nique dans le parc, et nous passions de bons moments ensemble jusqu'au soir, où je le sentais me quitter avec le cœur serré, triste de me voir dans cet état-là.

Après plusieurs semaines, je me familiarisais avec les gestes de ma nouvelle vie, je me sondais sans problème, je me lavais au gant sur toute la partie haute du corps, jusqu'aux bijoux de famille. Je me rendais en kiné une heure le matin et une heure l'après-midi, je mangeais au réfectoire matin et soir en coupant seul mes aliments, je me promenais dans le parc et j'avais même noué quelques liens avec certains patients. L'escarre ne se dégradait pas, malgré mes deux heures en position assise, et le médecin décida même de m'accorder deux heures de plus, afin de me permettre de passer du temps avec les autres patients, de manger midi et soir au réfectoire, et de me promener dans le parc avec ma famille et mes amis.

Deux animateurs, tous les deux en fauteuil roulant, étaient employés par le centre pour réunir les patients et leur faire passer du bon temps. Ils faisaient pratiquer aux patients en phase de fin de rééducation des sports collectifs, comme le basket. La pétanque, le ping-pong, le tarot, le tir à l'arc étaient également au rendez-vous, mais j'étais encore trop faible pour tous ces loisirs. Je me contentais de regarder les autres et de discuter avec les patients faibles comme moi. J'étais rassuré psychologiquement de retrouver des gens confrontés aux mêmes obstacles de la vie. Je ne voulais voir qu'eux. Je me sentais de moins en moins bien avec les gens valides, et il s'installait en moi de la jalousie et une haine intérieure.

J'avais fait la connaissance de tous les patients, mais une patiente retenait mon attention en particulier. Je sentais en elle une plus grande souffrance que la mienne. C'était Isabelle, une ancienne infirmière-puéricultrice qui avait subi une opération du dos, qui malheureusement avait mal tourné. Elle souffrait terriblement et avait beaucoup de mal à marcher. Elle était dans une dépression terrible et avalait chaque jour une quantité incroyable de médicaments. Je trouvais cela inadmissible de la part des médecins d'autoriser une telle dose, suicidaire. Il y avait sûrement d'autres méthodes, mais ils préféraient la droguer et la laisser finir de s'enfoncer un peu plus. Je discutais beaucoup avec elle, j'espérais lui remonter le moral avec mes blagues. Ça fonctionnait très bien, je la faisais rire, beaucoup rire, je reçus même un jour les félicitations de Christine, sa mère, qui était venue lui rendre visite et qui ne l'avait pas vue sourire depuis des mois. Elle était très croyante et elle me surnommait « Père Emmanuel », en quelque sorte j'étais le sauveur de sa fille, je lui faisais oublier pendant quelque temps ces moments difficiles.

Il était pour moi inconcevable qu'un jour je retourne dans la vraie vie, le monde des valides. Je ne me sentais pas de retourner dans cette vie, déjà très difficile quand on est entier. J'étais désormais entré dans une vie de merde et je me devais de la partager uniquement avec des invalides. Je faisais un rejet total du monde valide, et il m'effrayait rien qu'en y pensant.

J'avais une télévision dans ma chambre, que je coupais très souvent car j'y voyais régulièrement des gens heureux, des émissions humoristiques et bien entendu uniquement des personnes valides. Rien ne me faisait rire, bien au contraire, les gens que je voyais heureux me rendaient malheureux. Lors des visites c'était pareil, les personnes étaient heureuses de me voir vivant, mais je prenais sur moi et je montrais le moins possible mon désarroi.

Les semaines passaient et je progressais très légèrement, je devais maintenant me remplumer au niveau des bras et des épaules, pour me permettre plus tard de me soulever et de pouvoir effectuer mes propres transferts depuis mon fauteuil. Je ne savais pas encore si j'allais récupérer mes abdominaux et mes jambes, mais plus le temps passait et plus le médecin-chef du centre était sceptique. Il prévoyait une radio de la moelle épinière prochainement, qui m'annoncerait le verdict. Mes douleurs et mon souffle faible m'empêchaient d'avancer au rythme que je m'imposais, si bien que mon corps finissait par me le rendre. Je voulais aller trop vite, et à cause de certains mouvements et exercices musculaires mon escarre s'était dégradée, et mon physique aussi. J'étais redevenu très faible et le médecin-chef décida de m'aliter pour plusieurs semaines. Il suspendit les séances de kiné et il m'autorisa uniquement à prendre le fauteuil pour aller au réfectoire. Il voulait préserver mon état psychologique et éviter l'isolement total.

Je repartais donc pour une longue période alité, couché sur le côté afin de soulager l'escarre au sacrum. Le médecin m'informa qu'une greffe allait sûrement être nécessaire. J'étais dégoûté et je me voyais déjà sur la table d'opération avec le prélèvement d'un des muscles de ma jambe pour aller le greffer et refermer l'escarre, car c'était la méthode chirurgicale employée. Je respectais donc les consignes en restant alité dans ma chambre. Les journées devenaient excessivement longues, et mes épaules n'en pouvaient plus de subir la position allongée sur le côté. Mon moral retombait car je n'arrivais plus à occuper mon esprit, et les douleurs neurologiques étaient plus que jamais présentes. Le personnel me voyait malheureux, et pour me réconforter et m'aider mentalement, me transféra dans une chambre plus spacieuse, avec une vue plus agréable.

L'été était arrivé, et la chaleur commençait à devenir insupportable dans ma chambre. Verdaich avait oublié d'investir dans la climatisation et je n'avais qu'un simple ventilateur, mis à disposition dans chaque chambre. La plupart des malades ne supportaient pas la chaleur, les paralysés comme moi étant les premiers visés avec nos gros problèmes de respiration, de tension et de circulation sanguine. Peu importait notre souffrance, le chiffre d'affaires était bien plus important que l'investissement pour le bien-être des malades. Les seuls locaux climatisés étaient ceux de la direction. Je devais me forcer à boire énormément pour éviter de me déshydrater, avec cette chaleur insoutenable et qui n'arrêtait pas de monter, et également pour éviter les infections urinaires et la constipation.

Malgré cela, la position allongée favorisant le ralentissement du transit, je finis un jour par me boucher. Lorsque j'arrivais au neuvième jour sans évacuer de selles, malgré des massages du ventre effectués par ma kinésithérapeute, le médecin décida enfin de sortir le Destop pour déboucher tout ça. C'était un vendredi. Je devais avaler un produit horrible et boire deux litres d'eau pour me vider. Le soir, je commençais le traitement avec interdiction de manger, et j'avais l'impression d'avaler une salière. C'était infect, mais il le fallait absolument pour éviter l'occlusion intestinale, qui était pour mon cas bien entamée. Le lendemain matin, rien ne s'était passé, j'étais contraint de continuer à boire sans pouvoir manger. Le soir, samedi, l'infirmière de garde me proposa comme menu la même chose que la veille, avaler la salière. Il fallait vraiment continuer le traitement avant l'occlusion et le transfert d'urgence vers un service spécialisé. Le dimanche matin, toujours rien, je commençais sérieusement à avoir faim mais il fallait attendre.

Le dimanche après-midi, je commençais à entendre des bruits suspects de gaz, la machine était en route et le traitement commençait à faire son effet. Je sonnais pour que les infirmières de garde viennent rapidement réceptionner le colis. J'étais très chanceux, les sonnettes ne fonctionnaient plus et ma mère, qui était présente, partit dans les couloirs du centre à la recherche de personnel. Le traitement battait son plein et devenait très efficace, le niveau montait et il y avait urgence à intervenir avant que je ne sombre et ne me noie dans mes excréments très liquides. Ma mère revint avec une infirmière toute jeune, que je n'avais jamais vue. La jeunette repartit aussitôt, expliquant qu'elle devait aller chercher le matériel nécessaire pour me nettoyer. Une heure après, nous n'avions toujours pas de nouvelles et ma mère décida d'intervenir elle-même, afin d'éviter plus longtemps de laisser son fils « dans la merde ». Elle me nettoya comme elle pouvait, j'étais rempli d'excréments liquides et les draps de mon lit avaient perdu toute leur blancheur, j'étais passé en mode camouflage. Je n'avais jamais vu ma mère en colère comme ça. Je reçus une belle claque d'humiliation, en voyant ma pauvre mère torcher le cul de son fils de 40 ans. J'avais passé pratiquement un mois alité et le pansement qui protégeait l'escarre n'avait pas résisté au tsunami. Il était complétement imbibé.

L'infirmière finit par arriver, avec mille excuses. Elle justifia son retard par une autre urgence, plus importante, car elle était seule à assurer la permanence du dimanche. Après le retrait du pansement de l'escarre, elle m'annonça la mauvaise nouvelle : les selles liquides et très acides avaient attaqué et brûlé la plaie. Les résultats de tous les efforts et de mon alitement depuis un mois s'étaient envolés. Une fois de plus, je constatais que le centre faisait encore des économies de personnel, en laissant le dimanche une seule infirmière assurer la surveillance de dizaines de patients, infirmière qui était là en plus en intérim, et qui découvrait le centre au fil des heures. Il me monta une haine envers la direction de la clinique, et je décidai de demander dès le lundi mon transfert dans un autre centre de rééducation. Je n'en pouvais plus. Je remarquais également de plus en plus l'incompétence et le manque d'intelligence du médecin-chef en place, qui avait attendu neuf jours, un week-end avec réduction de personnel, et les sonnettes en panne, pour commencer un traitement qui demandait une surveillance et une intervention rapide.

J'étais reparti à zéro avec mon escarre, saccagée par maltraitance, et je devais attendre le lundi matin pour qu'on fasse une radio de mon estomac afin de vérifier l'efficacité du traitement qu'on m'avait infligé.

Je finissais de me vider à deux reprises la nuit de dimanche à lundi. Une nouvelle semaine commençait, et je demandais dès mon réveil à parler au médecin, pour l'informer des faits inadmissibles du week-end, et lui annoncer mon souhait de quitter le centre au plus vite.

Après notre petit entretien, houleux, il me dit qu'il comprenait ma décision et allait en aviser la direction. Il m'envoya à la radio de contrôle et il constata, démuni, que le produit n'avait pas été efficace. Il ne pouvait que s'apercevoir qu'il avait trop attendu avant d'essayer de me déboucher et que l'occlusion intestinale était bien présente. Je ne m'étais vidé que de liquide et les solides étaient restés coincés dans l'estomac et une partie de l'intestin, à cause d'un bouchon qui s'était créé. Il s'empressa donc de contacter l'hôpital Purpan à Toulouse, là où j'avais commencé mon affreuse aventure, afin de m'envoyer en urgence au service de gastrologie. On programma une ambulance en début d'après-midi et c'est ainsi que je repartis pour un séjour à Toulouse.

Le trajet était pénible, j'avais chaud et je n'avais pas envie de retourner dans les hôpitaux. Quand j'arrivais au service de gastrologie, la moitié des chambres étaient fermées, car ce service était allégé pendant l'été et on m'envoya dans un vieux bâtiment presque désaffecté, qui servait en dépannage pour tous les services qui affichaient complet. Je me retrouvais avec des patients tous atteints de différentes maladies, c'était très folklorique, et ma chambre vétuste n'était pas climatisée. Je vivais un vrai cauchemar. Dans une chambre voisine, une vieille dame atteinte de problèmes psychologiques n'arrêtait pas de crier comme si on était en train de l'égorger. Un autre petit vieux se baladait avec sa perfusion, en faisant des allers-retours dans le couloir.

Je voyais tout ce qui se passait dans le couloir, car les infirmières avaient laissé ma porte grande ouverte, pour essayer de faire du courant d'air et diminuer la chaleur.

On vint rapidement m'annoncer le programme des réjouissances : j'allais partir pour une radio de contrôle, puis je commencerai le traitement adéquat, suivant la gravité diagnostiquée. Le rapport tomba en fin d'après-midi, et l'interne de permanence me confirma que j'étais bien bouché au niveau des intestins et que j'étais également bien rempli du côté de l'estomac. Il m'imposa la diète, avec une nourriture exclusivement par perfusion. J'étais vraiment trop plein, et il ne fallait absolument pas ajouter d'aliments supplémentaires. J'avais super faim et j'allais devoir faire abstinence une fois de plus et me contenter des salières, avec en prime, pour le dessert, un lavement par le sphincter.

Durant la semaine, je subis des lavements tous les jours et j'avalais le traitement infect. Lors du quatrième jour d'hospitalisation, le bouchon finit par sauter et je me vidai totalement lors d'un lavement. Il y avait assez de lisier pour rendre fertile un hectare de terre. Je restais toute la fin de semaine en observation, et le samedi je pus recommencer à m'alimenter normalement.

Le lundi, je pliai bagage et je repartis, allégé, au centre de rééducation de Verdaich, avec un traitement laxatif quotidien renforcé. Depuis mon accident, on m'infligeait tout un panel de médicaments à absorber sans que je connaisse vraiment toutes leurs fonctions. Je savais que certains étaient présents pour me faire quitter le monde réel, ils appartenaient aux familles des benzodiazépines et des inhibiteurs, en quelque sorte des antidépresseurs et anxiolytiques, et j'en avais d'ailleurs demandé l'arrêt total. D'autres cachets étaient censés agir sur la douleur et d'autres encore pour le transit, qui était sacrément ralenti depuis ma paralysie. C'était cela que l'on avait renforcé cette fois, la famille des laxatifs – Forlax, Normacol, Eductyl, Debridat et pour finir, Transipeg. Je ne risquais plus de me boucher avec toute cette cavalerie, mais il fallait mettre le paquet pour éviter un autre séjour en gastrologie.

Le lendemain, mardi 23 juillet 2013, j'allais enfin savoir si j'étais condamné à rester dans un fauteuil toute ma vie ou alors si je pouvais continuer à espérer me réparer, avec une longue rééducation. Lors de mon retour, je profitai de la présence de ma mère pour écrire à la direction du centre, et leur signaler mon souhait de quitter leur établissement, c'était la procédure obligatoire.

Les patients avec qui je m'étais lié d'amitié venaient à tour de rôle dans ma chambre afin de prendre des nouvelles. On était très solidaires et on se remontait tous le moral en comparant nos handicaps. Un certain humour planait même, et nous prenions tout à la dérision, afin d'avancer et d'essayer de nous en sortir. Ils avaient même organisé une petite fête pour mon retour. Cela me fit extrêmement plaisir.

Le lendemain, je repartis en direction de Toulouse, à la clinique Midipôle, pour subir une IRM et avoir un diagnostic de l'état de ma moelle épinière. L'hématome qui empêchait auparavant de définir précisément les dégâts était maintenant résorbé, et le temps était venu de découvrir le sort qui m'attendait, remarcher un jour ou rester cloué dans un fauteuil jusqu'à ma mort.

Après l'IRM, je revins à Verdaich avec mon dossier sur CD-Rom, et j'allai enfin connaître, grâce au médecin-chef du service, le verdict.

Il me convoqua le lendemain dans son bureau et je découvris avec lui les différents clichés de ma colonne vertébrale. Il m'annonça ce que je ne voulais pas entendre : « Monsieur, vous ne marcherez plus jamais, vous avez une section de la moelle. Je sais que cela est très dur à entendre pour vous mais c'est la triste réalité. Vous devez maintenant vous accrocher et apprendre les gestes quotidiens de votre nouvelle vie en tant qu'invalide, et nous sommes là pour ça. Je suis vraiment désolé pour vous, monsieur. »

Je regagnai ma chambre comme un zombie, je venais de prendre une grosse claque et l'espérance disparaissait pour laisser place à une grosse dépression. Je devais me raccrocher à quelque chose et faire une croix sur l'espoir de retrouver un jour l'usage de mes jambes. Mais me raccrocher à quoi ? C'était vraiment ma seule question. Le monde invalide venait de m'ouvrir les bras et il fallait maintenant que j'accepte sa générosité. Je savais déjà que je refuserai le monde du handicap, mais j'allais pourtant devoir apprendre à vivre avec.

Je me retrouvais dans un sale pétrin : je ne marcherai plus jamais, je devais trouver un autre centre au plus vite pour me rééduquer et devenir autonome dans ma vie d'invalide, et mon escarre était abîmée donc une greffe allait peut-être s'imposer.

Je décidais de reprendre un rythme normal en sacrifiant mon escarre, d'utiliser selon mes envies le fauteuil électrique et je demandais à poursuivre la kiné, pour éviter de sombrer trop vite dans une profonde dépression. De toute façon, se priver de tout et rester alité n'avait servi à rien, ils avaient détruit tous mes efforts, simplement pour des raisons d'économie de personnel, pour ces raisons qui permettent à tous ces groupes privés spécialisés dans le rachat de cliniques ou de maisons de retraite de faire des bénéfices sur le dos des malades pour aller se dorer la pilule.

Profitant de mon fauteuil, je me rendis dans les bureaux de la direction pour annoncer mon mécontentement et présenter ma lettre de demande de transfert vers un autre centre. Je constatais que la direction n'était pas dérangée par la chaleur épouvantable, ses bureaux étaient climatisés, et j'aurais presque supporté un petit gilet. Je leur fis part de toutes mes revendications et j'insistai surtout sur le manque de personnel le dimanche. Une des directrices m'expliqua que financièrement cela revenait trop cher et que c'était vraiment impossible à assumer. Malheureusement pour cette dame, j'avais fait ma petite enquête en amont : c'était très simple, j'avais trouvé les chiffres d'affaires des cinq dernières années, que je m'étais empressé d'apprendre par cœur, pour les ressortir si besoin. Elle capitula vite, après que je lui aie sorti quelques chiffres et elle commença même à bégayer légèrement. J'étais ravi de l'avoir déstabilisée par mes propos, très cohérents et véridiques. Elle me répéta que l'entretien devait se terminer car elle était pressée par son travail. J'étais content, elle était d'accord pour que je quitte le centre pour un autre, et elle transférerait mon dossier.

Je me promenais dans le parc avec les brumisateurs que ma mère m'avait achetés et je respirais à pleins poumons la nature. Des petites fêtes extérieures étaient organisées sur le terrain de basket en soirée et on se retrouvait pour discuter autour d'un verre de Coca.

Quelques jours après mon passage à la direction, je recevais une réponse du centre de la Tour de Gassies à Bordeaux, qui me confirmait avoir bien reçu ma demande pour séjourner chez eux. J'allais pouvoir quitter Verdaich, j'étais admis à Gassies début août. Il me restait quatre jours à tenir et j'étais vraiment content de partir.

Je commençai à faire rassembler mes affaires par le personnel et j'avisai mes proches de ma mutation. Ils étaient un peu inquiets de me voir partir si loin, mais je n'avais pas choisi ce centre par hasard, il était très bien coté, c'était un des plus modernes, il était semi-privatisé, et disposait de suffisamment de personnel pour bien s'occuper de moi. De toute façon, ça ne pouvait en aucun cas être pire que Verdaich.

Lorsque le jour du départ arriva, je fis mes adieux à tous les patients et je remerciai le personnel, en particulier la secrétaire de direction, Anne-Marie, pour sa gentillesse et ses compétences. Elle était à Verdaich depuis presque quarante ans et était incollable sur tous les problèmes administratifs que l'on pouvait rencontrer. C'était une vraie mère, affectueuse avec les patients, et elle nous rendait beaucoup de services.

Mais désormais, j'embarquais pour de nouvelles aventures dans une terre inconnue : Bordeaux.

LE DEUXIÈME CENTRE DE RÉÉDUCATION

Je quittai le centre de Verdaich sans aucun remords, et j'étais fier d'avoir eu le courage de quitter la région toulousaine pour la région bordelaise. Je savais que j'allais me retrouver isolé de ma famille, mais je devais avancer. Il me fallait absolument quitter Verdaich, ce centre où planait la maltraitance par manque de personnel, manque d'hygiène, manque d'investissement dans le renouvellement de matériel, et où les locaux étaient vraiment trop vétustes.

Pendant tout mon séjour à Verdaich, j'avais assisté, impuissant, à des scènes horribles. Un jour, alors que je recevais la visite d'un ami, nous avions entendu un grand bruit qui venait de la chambre du dessus, comme si quelque chose était tombé. Un quart d'heure passa, et on entendait des appels au secours, qui venaient sûrement de cette chambre. Au bout d'une demi-heure, je demandai à mon ami de monter à l'étage afin de porter secours à cette personne, sûrement en danger. Il trouva un malade allongé au sol qui était dans l'impossibilité de se relever et il s'empressa d'aller chercher du personnel pour relever ce vieillard, qui suffoquait de douleurs et de stress. Il était hospitalisé à Verdaich suite à un AVC. Le pauvre homme appuyait sur sa sonnette mais sans résultat, les sonnettes ce jour-là, comme souvent, ne fonctionnaient pas. Je me rappelle également d'une scène au gymnase où un vieil homme, que je connaissais en forme habituellement, avait ce jour-là de gros problèmes respiratoires. Personne ne se posait de questions. Le kiné qui s'occupait de lui le laissait dans sa détresse, malgré des appels au secours répétés. Je voyais qu'il s'étouffait de plus en plus, et que la panique s'installait. Deux jours plus tard, je ne le voyais plus en kiné, il était sûrement dans sa chambre en train de mourir. Je remarquai, lors d'une promenade en fauteuil, un camion de pompiers à l'accueil, qui venait justement chercher ce vieil homme. Pourquoi avoir attendu tout ce temps en le laissant souffrir avec son insuffisance respiratoire plutôt que de le faire hospitaliser rapidement dans un service compétent ? J'étais très énervé et j'en voulais vraiment au médecin responsable du service. Il avait fait pareil avec moi, en attendant trop longtemps pour m'envoyer dans un service compétent pour traiter ma constipation. Mon occlusion aurait, je pense, pu être évitée si ce médecin incompétent avait réagi plus vite. Je m'en sortais bien, tandis que ce vieil homme, à cause d'une décision tardive, avait ensuite été ramené au centre de Verdaich car il était trop tard, il était condamné à mourir. Il s'éteignit en effet dans sa chambre quelques heures après son retour.

Une chose positive pourtant : après trois mois dans ce centre, je ne pouvais constater qu'une amélioration de ma tension, je tenais pratiquement à 70 degrés en verticalisation. Pour le reste, ce centre était incompétent et à cause d'eux, mon escarre s'était aggravée. Je plaignais tous les jours le personnel, qui était vraiment super sympa et très volontaire, mais malheureusement ils couraient partout toute la journée, par manque d'effectifs. Lorsque j'étais intervenu auprès de la direction pour lui faire part de mon mécontentement, elle s'était empressée de convoquer l'infirmière en chef pour lui expliquer mon ras-le-bol général. La direction et l'infirmière en chef se complaisaient à faire diversion en prévenant tout le personnel que je n'étais pas content d'eux et que je me plaignais de maltraitance. J'avais reçu quelques remarques du personnel soignant, ce qui me permit rapidement de comprendre le complot qui avait été organisé par l'infirmière en chef et la direction. Je me devais de me rectifier auprès d'eux, en leur expliquant quel avait été mon discours auprès de la direction, et je leur dis à tous que j'avais au contraire sabré la direction en soulignant le manque de personnel, le manque d'hygiène et les locaux vétustes, et que je leur avais également dit qu'il fallait cesser d'exploiter le personnel. Je cherchais, très énervé, l'infirmière en chef, pour lui reprocher les propos qu'elle avait tenus afin de monter le personnel contre moi, et je finis par la trouver. Elle n'était pas difficile à trouver, on la voyait de très loin dans les couloirs, elle avait une coiffure dont la forme me rappelait le masque de Dark Vador, toujours nickel du matin au soir, preuve de ses efforts fournis pendant la journée, pas grand-chose comparé à toutes ces jeunes infirmières exploitées... Je me permis également, comme je l'avais fait avec la direction, de lui faire remarquer qu'elle recrutait dans son service des aides-soignants sans diplôme. J'en avais eu la preuve en discutant avec des aides-soignants qui m'avaient dit ne pas être diplômés, et qui venaient tous de professions complétement différentes. Le pire, c'était que ces gens-là pratiquaient en toute illégalité des actes très importants. Par exemple, mes touchers rectaux et extractions manuelles des selles quotidiennes étaient effectués par des gens qui avaient été formés sur le tas, par le personnel de Verdaich. En quelque sorte, je me faisais mettre régulièrement des doigts au cul par des anciens bouchers, boulangers, voire fleuristes, qui n'avaient aucun diplôme médical. C'était tout simplement hallucinant, et je me devais de le dénoncer un jour avant que les choses ne s'amplifient.

Mais ce jour-là, en quittant Verdaich, je tournais définitivement une page, que je rouvre qu'aujourd'hui à travers mon histoire et le récit de mon parcours du combattant, afin de dénoncer ce qui se passe dans certains centres de rééducation en France, et je pense que malheureusement ce centre ne doit pas être un cas isolé.

J'arrivais à Bordeaux, sous la pluie certes, mais soulagé. Le centre de la Tour de Gassies était immense, des infrastructures d'un autre monde. Ce n'était plus ce vieux château transformé en clinique, mais une infrastructure moderne et immense, remplie de malades en fauteuils.

Le hall d'accueil, où les ambulanciers annoncèrent mon arrivée, était démesuré. Une fois enregistré, je rejoignis mon service, situé au deuxième étage, et on m'installa dans une chambre qui avait déjà un occupant. C'était un tétraplégique, qui séjournait à Gassies depuis plusieurs mois déjà.

Le blues et la solitude régnaient, mais je devais m'accrocher et continuer le chemin, qui allait être encore très long.

Un défilé de blouses blanches venait voir le nouveau pensionnaire. Elles se présentèrent à tour de rôle, en me souhaitant la bienvenue. Je compris très vite que dans cet établissement, je n'allais pas être victime du manque de personnel. Je n'allais manquer de rien, tout était nickel, l'hygiène était au rendez-vous, la chambre était très design et spacieuse, avec une télévision dernier cri à écran plat, la climatisation....

Enfin des choses positives que j'avais provoquées seul, avec ma décision de changement. Je me réjouissais, malgré ce petit blues en moi, et j'étais prêt pour aller de l'avant et progresser dans ma nouvelle vie. Une diététicienne se présenta pour que je choisisse avec elle le repas du soir et ceux de toute la semaine. Le kiné prit le relais, puis l'ergothérapeute. Personne ne connaissait mon programme, le chef de service, et lui seul, allait en décider. Je n'attendais plus que lui. Il était absent ce jour-là, mais la rencontre était prévue le lendemain. En attendant, je reçus simplement la visite de sa remplaçante, une interne qui vint se présenter et m'annoncer la visite du grand ponte le lendemain matin. On m'apporta ensuite le repas du soir, et je fus agréablement surpris par sa qualité. C'était très copieux, et vraiment très bien cuisiné et présenté.

À Verdaich, les repas étaient très copieux également, mais très souvent les aliments que l'on vous servait étaient accompagnés de mouches. En déménageant à Bordeaux, j'étais vraiment passé d'une auberge de jeunesse à un hôtel quatre étoiles.

Le soir, j'écoutais de la musique douce pour m'endormir, tandis que mon compagnon de chambre regardait la télévision plasma. J'étais toujours allergique aux personnes heureuses et valides qui s'éclataient à la télévision, et il m'était très difficile de les regarder.

Le lendemain matin, le grand ponte arriva pour m'annoncer la couleur. Il me prévint que la priorité était de refermer l'escarre. J'allais devoir rester totalement alité pendant quelques jours, le temps qu'on traite la plaie, mais avec un protocole différent de celui de Verdaich. Après quelques jours, il déciderait si une greffe était nécessaire, ou si j'allais devoir juste continuer le traitement qu'il mettait en place. Il précisa à la diététicienne de prévoir dans mon alimentation un complément protéiné pour chaque repas, afin de nourrir l'escarre et faciliter sa cicatrisation. Par la suite, si l'escarre présentait des progrès, je commencerai la kiné progressivement, avec des temps d'assise à respecter.

Concernant la suite du programme, il ne voulait pas m'en dire plus avant d'avoir observé, pendant les prochains jours, l'évolution de l'escarre. Je suivis donc à la lettre ses consignes et je me positionnai de côté, afin de soulager mon sacrum. Je reposais, comme dans tous les services où j'étais passé auparavant, sur un matelas anti-escarre à air, mais celui-là, je ne sais pas pourquoi, était plus confortable, et mes épaules ne se plaignaient pas. On m'apporta un pilulier pour la journée et je dus avaler tous les médicaments que je trouvais dans les cases correspondant aux périodes de la journée : matin, midi, soir. Je les pris sans réfléchir, il y en avait de toutes les couleurs et je ne savais pas à quoi ils servaient, mais j'avais envie de faire confiance au docteur bordelais.

Dans cette nouvelle vie, j'avais appris la patience, et je m'impressionnais. Moi qui vivais auparavant à deux cent à l'heure et qui détestais les gens mous, j'en prenais plein la figure, tout était au ralenti, à l'inverse de mon caractère, et je maîtrisais pourtant assez bien. Les médicaments colorés de mon pilulier devaient sûrement m'aider, car je ne me reconnaissais plus. Dans ces longs moments d'alitement, je pensais bien sûr à ma vie d'avant, que je remplissais sans gaspiller une seconde de mon temps.

Avant l'accident, mes journées étaient toujours bien remplies et je ne savais pas ce que voulait dire le mot « ennui ». Quand j'étais enfant, j'étais un hyperactif et je ne supportais pas de rester enfermé. Je vivais à Tarbes dans les Hautes-Pyrénées, impasse des Tanneurs. Mes grands-parents, les parents de ma mère, possédaient une maison sur deux niveaux et nous vivions avec mes parents en bas, et Papi et Mamie en haut. C'était génial. Mon grand-père m'emmenait souvent avec lui sur les terres de ses ancêtres. Il était né à Chelle-Spou dans les Baronnies, un sublime coin de campagne face au majestueux Pic du Midi, et il se payait le luxe d'avoir pour voisinage la demeure de Gaston Phébus, le château de Mauvezin. Il s'était construit une maison dans la commune de Gaston, sur la Serre, qui lui permettait de jouir d'une vue panoramique hors du commun sur toutes les Baronnies et la chaîne pyrénéenne. J'adorais cet endroit. Il m'apprenait le bricolage, le jardinage, me faisait découvrir la chasse à la palombe et me montrait les endroits secrets pour la cueillette des cèpes. Voilà les souvenirs que j'ai de mon grand-père Adolphe, qui m'a brutalement quitté, emporté par la maladie quand j'avais huit ans. Je continuais après sa mort à me rendre quelquefois avec ma grand-mère et mon cousin à Mauvezin, mais ce n'était plus pareil sans mon papi, il me manquait et il manquait beaucoup à Mamie, que je voyais de temps en temps pleurer, elle pensait aux souvenirs avec Adolphe.

À l'âge de sept ans, j'avais quitté l'impasse des Tanneurs, car mes parents avaient acheté un pavillon dans un lotissement, à l'architecture très sympa. Les maisons étaient toutes mitoyennes, ce qui permettait une proximité avec les voisins et facilitait les rencontres. Je m'étais fait très rapidement une bande de copains, les « Bouanas », comme on se surnommait. C'était le nom que mon ami Pascal et moi avions inventé, et attribué à notre bande. Nous étions une bonne dizaine, à faire régulièrement les quatre cents coups. Les conneries étaient notre deuxième prénom, et j'étais souvent le chef de file. La bande des Bouanas du lotissement Array-dou-Sou s'agrandissait au fur et à mesure des années d'adolescence, elle commençait même à gagner une notoriété dans la ville de Tarbes et auprès des personnes rencontrées dans les différents bahuts, tous voulant intégrer cette fameuse bande. Nous finîmes par être une bonne vingtaine de Bouanas, et quand nous descendions en ville en meute avec nos 103 SP, Ciao et Chappy, nous ne passions pas inaperçus, la meute des Bouanas était en ville et la drague pouvait commencer. Nous avions tous la bonne tête du BCBG et du minet de base, et nous sortions, pour conquérir les Tarbaises, la panoplie complète du blaireau : gel dans les cheveux, lunettes Oakley ou Ray-Ban, Bombers Schott, blouson d'aviateur Chevignon en cuir, tee-shirt Rip-Curl, chemise Ralph Lauren, jean Chipie et Levi's 501, mocassins ou docksides Sebago, Weston, Church... Toutes les marques du moment étaient sur nous. C'était, et ça restera, une super période de ma vie. À ce jour d'ailleurs, pratiquement aucun Bouana n'a déserté, et même vivant loin les uns des autres, nous continuons régulièrement à partager des moments ensemble.

En parallèle, pendant mes années d'adolescence, je faisais énormément de sport. À treize ans, j'intégrai la section Sport-Études Foot de Lourdes, et je jouais également les week-ends avec l'équipe du FC Lourdes. Le foot prenait une énorme place dans ma vie adolescente, entre le Sport-Études, les entraînements, et les matchs avec le club.

L'hiver, je partais régulièrement avec mon père pour faire du ski et du snowboard dans les Pyrénées quand il n'y avait pas foot, et l'été je partais en camping avec les Bouanas à Seignosse-le-Penon dans les Landes, ou alors je rejoignais mon père à Biarritz, où il possédait un appartement avec sa compagne, et je faisais du surf à la plage des Cavaliers à Anglet. Les années passaient et je n'avais pas envie de poursuivre le lycée, si bien que je décidai de passer le concours de la Police Nationale. J'adorais la discipline, même si j'étais très déconneur, car je ne mélangeais pas tout. Je réussis à 17 ans le concours pour devenir fonctionnaire de police, et je décidai de prendre une année sabbatique avant d'intégrer l'armée et de commencer une carrière professionnelle.

Je filai à l'armée à 18 ans, et je revois encore ma mère me saluer d'un regard triste, elle se disait sûrement que son premier fils avait définitivement quitté la maison familiale et qu'il rentrait dans le monde des adultes, comme un grand, pour la vie. Elle venait de perdre un fils, elle ne me verrait plus rentrer chez elle tous les soirs comme avant.

Après mes classes, j'intégrais l'Armée de l'Air à la base aérienne 101 de Francazal à Toulouse, pour dix mois. Je poursuivis avec le Centre de Formation de la Police Nationale à Perpignan, où je réussis mon année, et je fus directement affecté à Paris, comme pratiquement tous les policiers qui démarraient leur carrière.

J'intégrai donc le commissariat du 8ème arrondissement, et je découvris que j'allais travailler et surveiller la plus belle avenue du monde, les Champs-Élysées. On m'affecta sans me demander mon avis en brigade de nuit, et je découvris la vie nocturne parisienne. J'étais habitué à Tarbes, qui ne bougeait que le samedi soir, mais là c'était la fête les sept soirs de la semaine, et il y avait autant de monde chaque soir que tous les habitants de la ville de Tarbes réunis. J'adorais le monde, c'était très vivant et les gens étaient heureux de se promener sur la plus mythique des avenues. Au fil des mois, je découvrais tout l'arrondissement, avec tous les établissements sensibles à protéger et à garder: les ambassades, l'Élysée, les points israélites, les établissements touristiques comme le Lido ou le Crazy Horse... Mais les heures et les nuits dans le froid étaient longues et pénibles quand je « bitumais ». Les missions essentielles dans cet arrondissement étaient de « bitumer » c'est-à-dire effectuer des gardes statiques en surveillant les bâtiments sensibles. Il fallait absolument que je parte, avant de me dégoûter, et que je découvre d'autres missions affectées aux gardiens de la paix. Je passai donc rapidement dès ma titularisation un concours interne, et je devins motocycliste de la Police Nationale. J'étais fier, à 23 ans, de rejoindre les Compagnies Motocyclistes de Paris. C'était tout simplement grandiose, je venais d'intégrer la plus grande compagnie de motocyclistes au monde. Les missions essentielles étaient les escortes. Les anciens motocyclistes nous apprenaient les différents itinéraires, nous montraient les ministères, les ambassades, les aéroports, les hôpitaux, les prisons, afin de préparer nos futures missions. J'allais escorter beaucoup de ministres, de présidents, de personnalités, le Samu, des prisonniers, les convois de la banque de France, mais aussi accompagner les compagnies de CRS qui encadraient les différentes manifestations organisées dans la capitale.

Un bon motard à Paris est un motard qui connaît par cœur la topographie de la ville, car se perdre avec une escorte est à proscrire. En parallèle, j'étais un motard doué et j'avais intégré le Club Motocycliste de la Police Nationale, en tant que pilote. J'avais même obtenu le titre de Sportif de Valeur Nationale, ce qui me permettait, à travers mon métier, de vivre ma passion : piloter. J'étais détaché par le ministère de l'Intérieur, afin de le représenter dans la discipline sportive du motocyclisme. Je jonglais donc entre les escortes et les circuits de compétition. Je réalisais ma chance, et le privilège qui m'était offert par l'administration et je le leur rendais bien, en m'investissant autant en tenue de motocycliste avec ma motocyclette sérigraphiée, qu'avec ma tenue de cuir et ma moto de compétition. J'étais fier de représenter la Police Nationale dans mes deux fonctions. Mais après sept années passées à Paname, je reçus un jour, surpris, ma mutation pour Toulouse. Triste, je fis mes adieux à Paris, et je savais déjà que ces années resteraient les plus belles de ma carrière.

Rapidement, les missions et la mentalité toulousaines me firent regretter Paris. Un individualisme et une jalousie régnaient en permanence entre collègues, contrairement à l'esprit de Paris, où nous étions tous solidaires. Je comprenais vite que je n'étais pas le bienvenu, avec mon statut de pilote et mon travail rigoureux. Pour mes nouveaux collègues, je travaillais pour payer ma tranquillité. La plupart avaient oublié leur métier et les missions d'un gardien de la paix. Toutes les missions les faisaient en quelque sorte « chier ». Ils venaient à reculons faire leurs huit heures de travail quotidien et parlaient tous les jours de leur départ à la retraite et de leur salaire trop bas. Beaucoup d'entre eux gagnaient beaucoup trop par rapport au travail qu'ils fournissaient. Je recevais régulièrement des remarques, certains me prenaient à partie pour m'informer que mon travail était excessif à leur goût, alors que pour moi il était simplement normal, pour justifier un salaire de fonctionnaire. Pour eux, je mettais la barre trop haut, sur le chiffre ou les procédures que je rendais, et ils avaient peur que nos supérieurs ne leur demandent de s'aligner sur moi. Je m'en foutais éperdument, et je continuais mon rythme habituel dans mon travail.

En 2007, j'avais atteint l'apogée dans ma carrière sportive, en devenant Champion de France des rallyes routiers. Je décidai alors de mettre un terme à ma carrière sportive pour me consacrer davantage à ma vie privée. Avec Caroline, ma compagne, nous avions décidé de fonder une famille, et en novembre 2008, le 18, naquit une petite Charlotte. J'avais du temps libre et je m'investissais dans la rénovation d'une maison que l'on venait d'acheter. On avait vraiment tout pour être heureux. Dès que la maison fut terminée, on constata qu'on était trop à l'étroit dans cette maison de poupée de cinquante mètres carrés, et rapidement on déménagea en banlieue, dans la maison de nos rêves, située dans la commune d'Aussonne, à un quart d'heure de Toulouse. C'était une belle bâtisse très ancienne en brique et galets, avec un intérieur d'époque, tout le charme et le style ancien que Caro et moi recherchions. Je savais que je me lançais dans des travaux interminables, mais que ça allait combler le temps que j'utilisais auparavant dans mes déplacements pour la compétition. J'adorais bricoler, et je reproduisais les gestes et les astuces que mon grand-père et mon père m'avaient transmis. Un an après, la maison était terminée, et j'avais réalisé l'exploit d'avoir accompli seul ce travail de titan. Quand je démarrais à six heures du matin au commissariat, j'enchaînais sur les travaux après ma vacation de huit heures, c'est-à-dire à quatorze heures, pour bosser à la maison jusqu'à vingt heures, et quand je commençais à treize heures au commissariat, je travaillais le matin à la maison, de huit heures à midi. C'étaient des journées bien remplies, mais j'y prenais énormément de plaisir. Nous étions très contents du résultat et nous nous projetions de ne plus bouger et de finir notre vie dans cette chaleureuse et spacieuse maison.

Mais il fallait absolument que je continue à m'occuper. La vie que j'avais choisie ne m'accordait aucun temps de repos. En 2009, je devins Team Manager de l'équipe de France de moto au sein de la Fédération Française du Club Motocycliste de la Police Nationale. J'étais de nouveau détaché par le ministère, et des jalousies de fonctionnaires se réveillaient. Je jubilais lorsque certains lisaient, énervés, mes télégrammes de détachement en s'exclamant : « Encore ce Manu, qui est payé pour aller s'amuser ! »

Prendre la tête d'un groupe de fonctionnaires de police, pilotes en plus, et les manager, faire régner un esprit de convivialité et de solidarité, était une tâche difficile. J'étais loin de l'amusement, et il me fallait mettre en place toute la logistique nécessaire pour que les pilotes abordent bien leur compétition. J'allais pouvoir leur apporter mon expérience de pilote.

Voilà comment se passait ma vie. J'exerçais les fonctions de motard dans la Police Nationale, de Team Manager de l'équipe de France moto, et dans ma vie privée, je pratiquais beaucoup de sport, de bricolage, je pouponnais ma Chacha, j'allais au théâtre, au cinéma, je faisais quelques sorties en boîte, et de temps en temps je partais en week-end quand je n'étais pas de permanence au travail, jusqu'au jour fatal, ce 22 février, où tout a basculé.

Dans ma chambre de la Tour de Gassies, je m'efforçais de cesser de penser à mon passé et je replongeais dans la dure réalité de ma nouvelle vie. Je pensais, après tous ces souvenirs, à cet homme qui m'avait amené en enfer. Il ne s'inquiétait absolument pas de mon état, et après plus de quatre mois, il n'avait jamais pris aucune nouvelle de moi. Encore un, sûrement, qui devait être content d'avoir mis un flic à terre.

Je cherchais des ondes positives, et le personnel soignant était là pour ça. Ils étaient vraiment mes alliés. Grâce à tous ces gens, j'arrivais à survivre, car je n'étais plus capable de vivre seul. Je me rattachais à eux à cause de mes angoisses qui s'amplifiaient. Mon cerveau quittait peu à peu son mode d'hibernation et se réveillait au fil des jours, je prenais conscience de mon corps, qui était en danger, et dont certaines fonctions vitales ne fonctionnaient plus. Je ne sentais que je me faisais dessus que grâce à mes cellules olfactives, je n'étais pas capable de sortir de mon lit et de me mettre sur un fauteuil roulant, je n'étais pas capable de me relever en position assise dans mon lit car mes abdominaux ne fonctionnaient plus, mon estomac et mes intestins n'étaient pas capables de travailler correctement sans leur dose quotidienne de médicaments... Bref, je n'étais pas capable psychologiquement de faire face au mur infranchissable que représentait ma nouvelle vie. Je ne savais plus où j'allais, je me sentais dans un état végétatif et je pensais sans cesse à la mort, c'était ma compagne la plus fidèle. Elle était toujours près de moi, dans mon esprit, et je haïssais la vie, elle me faisait très peur, de plus en plus peur.

Pendant cette période je dormais beaucoup, j'essayais de faire passer le temps le plus vite possible pour éviter d'affronter la réalité. J'aimais dormir car je rêvais encore comme un valide, dans mes rêves j'étais entier, en pleine forme et sans blessure, et quand je me réveillais, à l'inverse d'avant, tout se transformait en cauchemar. Mes rêves étaient essentiellement des déplacements, en marchant ou en courant. La plupart du temps je me voyais depuis l'extérieur de mon corps, mais quelquefois j'étais en caméra embarquée.

Les jours passaient, et malgré mon mal-être, l'escarre devenait moins inquiétante et commençait un petit peu à se refermer. Arrivé à la Tour de Gassies, elle avait atteint un diamètre de huit centimètres et on apercevait à travers la plaie le pus et les os de la colonne vertébrale au niveau du sacrum. Je redoublais d'admiration pour toutes ces infirmières qui avaient comme missions ces tâches ingrates. Je pensais à ma mère, ancienne infirmière qui avait côtoyé pendant quarante ans ces horreurs, je comprenais maintenant d'où venait une partie de sa force, face à tous les problèmes qu'elle avait pu rencontrer et affronter dans sa vie. J'attendais impatiemment, après trois semaines d'alitement, le verdict du médecin, opération de l'escarre ou simple poursuite de l'alitement pendant encore quelques semaines. Il fut très surpris de voir une nette amélioration de mon escarre et il me demanda de rester encore deux semaines de plus allongé sur le côté. Après ces deux semaines, j'allais enfin pouvoir passer à une vie sociale plus variée, en rencontrant mes colocataires handicapés.

Le jour-même, l'ergothérapeute, Isabelle, venait déjà prendre mes mensurations pour m'attribuer un fauteuil roulant. Il était hors de question pour elle d'opter pour un fauteuil électrique comme celui que j'avais à Verdaich, car je devais commencer au plus vite à travailler mes bras. Les consignes étaient simples, je n'avais le droit de rester en position assise que pendant les séances de kiné du matin et de l'après-midi. J'étais encore consigné dans ma chambre pour tous les repas. Le réfectoire serait la prochaine étape, mais il était bien trop tôt et il ne fallait absolument pas prendre le risque de repartir à zéro avec l'escarre. Mais au moins, je n'étais plus sous la menace d'une greffe.

Je quittai donc mon lit avec un lève-malade piloté par les infirmières, et je pris place dans mon nouveau fauteuil. Étant une fois de plus resté longtemps alité, j'avais de nouveau des problèmes de tension et le malaise vagal était inévitable. Cette sensation familière de partir et de tomber dans les pommes n'était pas pour moi désagréable, bien au contraire, elle me permettait de quitter quelques instants la réalité. Mais les blouses blanches me firent reprendre mes esprits rapidement, en me levant les jambes pour faciliter ma circulation sanguine faiblotte.

Je pensais à Verdaich, qui utilisait l'ancienne méthode, avec deux brancardiers qui venaient vous soulever à l'arrache, alors qu'il existait du matériel efficace mais sûrement trop cher pour eux.

Pour les premières séances de kiné, une infirmière m'accompagnait toujours. La salle de kiné se trouvait au rez-de-chaussée, et la première fois, je fus impressionné de voir le matériel mis à notre disposition, que je voyais défiler au fur et à mesure que j'avançais pour rejoindre la salle. Pendant ma progression, je découvrais les infrastructures et je voyais plusieurs boxes qui se succédaient, avec des patients et des kinés en action. Les salles étaient en fait des boxes qui séparaient des groupes de patients. C'était beaucoup plus judicieux qu'à Verdaich, où le grand gymnase accueillait les patients tous ensemble, malgré des pathologies complètement différentes. Ces boxes permettaient d'éviter qu'un patient se donne en spectacle devant tout le monde, et le fait de se retrouver en petits groupes permettait une meilleure approche entre nous, car il était ainsi plus facile de communiquer et faire connaissance. Je me retrouvais dans un bon groupe, plutôt jeune, trois jeunes d'à peine 20 ans, cinq ou six de mon âge et deux ou trois plus âgés. C'étaient essentiellement des paraplégiques et des tétraplégiques. Je me sentis tout de suite bien avec eux et le dialogue s'installa rapidement. Nous vivions le même enfer, ça me rassurait. Mon kiné était un mastodonte, et je savais que je n'allais pas mettre longtemps, avec lui, à récupérer de la force. Pour les premières séances, je faisais essentiellement de la verticalisation, afin de récupérer au plus vite ma tension, ce qui était essentiel pour progresser dans mon programme.

Pendant mes séances de verticalisation, je me trouvais dans une sorte de cage grillagée, qui permettait aux kinés de composer des ateliers, en accrochant au grillage des poulies avec des sacs de masses différentes selon les exercices. Je travaillais doublement pendant ma verticalisation : je tirais avec mes bras et mes épaules sur les poids accrochés aux poulies, ce qui me permettait de récupérer de la masse musculaire, tout en faisant du cardio.

En regardant les deux sacs utilisés pour l'effort du bras droit et du bras gauche, je constatais que chacun soulevait à peine un kilo et pourtant j'étais presque à saturation. Je pris un grand coup au moral, car dans ma vie précédente, pour ce genre d'exercice, que je pratiquais dans les salles de sport, les sacs que je soulevais étaient dix fois plus lourds et j'étais loin de saturer. Je me rendis compte que j'étais vraiment tombé bien bas dans tous les domaines, et que je n'avais plus le choix : je devais absolument redoubler d'efforts pour tout, physiquement et psychologiquement.

Je créais de plus en plus de liens chaque jour, et particulièrement avec Hélène, une patiente paraplégique complète également, atteinte des mêmes symptômes que moi. Nous étions identiques, nous ressentions les mêmes douleurs, les mêmes souffrances, les mêmes envies de disparaître. J'avais beaucoup de peine pour elle, car elle était très belle et très classe, et l'apparence et la beauté comptent beaucoup plus en général chez les femmes que chez nous les hommes. Se retrouver sur un fauteuil et invalide enlevait automatiquement de l'attirance, le handicap prenant le dessus en cachant la beauté de son corps. Je me rendais compte, depuis mon accident, que les hommes fuient le handicap, contrairement aux femmes, beaucoup plus fortes et beaucoup plus sensibles. Il est d'ailleurs prouvé que suite à des accidents ayant occasionné un handicap chez l'un des membres d'un couple, beaucoup plus d'hommes que de femmes prennent la décision de quitter leur foyer.

Je me mettais également à sa place lorsqu'elle me décrivait ses douleurs, identiques aux miennes et il me paraissait impensable qu'elle puisse les encaisser et vivre avec. J'étais très résistant au mal, dans la vie j'avais toujours été un casse-cou et j'avais subi pas mal de fractures, mais rien à voir avec ces douleurs neurologiques qui continuaient à me hanter.

Hélène et moi étions devenus très proches, et elle venait régulièrement me rendre visite dans ma chambre, car contrairement à elle, je devais respecter mes heures d'assise. On se racontait mutuellement nos vies, et j'appris le drame qui lui était arrivé, un mois à peu près avant le mien.

Hélène se rendait tous les matins dans un centre pénitencier du Lot-et-Garonne pour exercer son métier d'infirmière. Elle avait choisi de soigner les personnes incarcérées. C'était au mois de janvier, il faisait froid et au petit matin tout était gelé. Elle conduisait sur une départementale et à la sortie d'un virage, dans une ligne droite un jeune homme en scooter avait chuté après avoir roulé sur une plaque de verglas. Une automobiliste s'était déjà arrêtée pour porter assistance. Elle fit de même en se garant également sur le bas-côté. Elle mettait tout en œuvre, avec son expérience professionnelle, pour porter les premiers secours au jeune homme, secondée par l'autre dame, lorsqu'une voiture arriva. Surprise par l'accident, elle pila sans pouvoir stopper sa course à cause du verglas. Elle faucha Hélène et la pauvre dame, en les envoyant brutalement dans le fossé toutes les deux. Le jeune au scooter échappa de peu au double accident, car il se trouvait à quelques centimètres de la trajectoire du véhicule incontrôlable. Les pompiers et les gendarmes, ayant déjà été prévenus de la chute en scooter, arrivèrent très rapidement sur place. Les forces de l'ordre constatèrent avec les pompiers le décès d'Hélène, et un hélicoptère atterrit pour prendre en charge l'autre dame et la transporter très rapidement vers Bordeaux. Après l'annonce de la triste nouvelle, la famille d'Hélène s'activait pour préparer les funérailles pendant que la famille de la dame accidentée partait pour Bordeaux. Le lendemain, les parents d'Hélène, accompagnés de Marie, sa fille, se rendirent à la morgue pour la reconnaissance du corps. Une grande surprise les attendait lorsqu'on leur montra le corps, ce n'était pas Hélène, les gendarmes avaient confondu les corps. Hélène était à Bordeaux dans le coma, avec l'autre famille à son chevet. Bizarrement, elles se ressemblaient énormément, mais l'autre famille ne s'en était pas aperçue, car elle n'avait pas pu l'approcher à cause de son état grave. La famille d'Hélène dut décommander le curé au plus vite et les gendarmes eurent la lourde tâche d'aller annoncer la mauvaise nouvelle à la famille de la malheureuse dame décédée. Le lendemain, on pouvait lire dans la *Dêpêche du Midi* du Lot-et-Garonne : « Une morte qui ressuscite. » L'histoire d'Hélène me bouleversait et je la trouvais hallucinante.

Après nos discussions, Hélène repartait dans sa chambre, parfois pour se sonder, parfois par fatigue, parfois à cause de ces douleurs insupportables. Elle suivait un traitement beaucoup plus lourd que le mien, mais elle en avait besoin. Ses douleurs étaient terribles, surtout au niveau de ses seins, et elle était traitée pour ça, mais elle prenait également des médicaments qui l'ensuquaient et la faisaient dormir durant la journée. C'était ce qu'elle voulait, dormir pour ne pas souffrir, tant physiquement que psychologiquement. Je lui remontais très souvent le moral, même si je souffrais autant qu'elle, mais je me devais de lui apporter mes sourires, ma motivation, mon amitié, et le lien entre nous devenait très fort. J'avais besoin d'elle, je voulais la rendre forte pour qu'elle m'entraîne aussi par la suite. Mais je me mentais, et je lui mentais aussi pour avancer. Je savais qu'un jour, je ne pourrai plus lui cacher ma souffrance, et j'espérais que ce jour-là elle irait mieux et qu'elle m'entraînerait à son tour.

Mon escarre allait de mieux en mieux et on rallongeait le nombre d'heures que l'on m'autorisait dans le fauteuil roulant. Je pouvais maintenant me balader dans le centre, aller manger au réfectoire avec Hélène, et faire de nouvelles rencontres. C'était très facile d'aborder les patients et le personnel des différents services, Hélène me les présentait. Arrivée avant moi, elle connaissait tout le monde, et dans ses heures d'euphorie, sous l'effet de certains médicaments, elle me semblait heureuse.

La kiné me réussissait, je me remplumais et mon appétit était de nouveau au rendez-vous. À table, Hélène prenait toujours mes fruits, elle ne mangeait que des fruits, elle avait toujours peur de se boucher avec les ralentissements du transit dont souffrent les paraplégiques. Je me contentais, à la place des fruits, du Forlax et du Transipeg, ils m'aidaient bien.

Mon kiné me faisait beaucoup pédaler avec les bras pour renforcer mes épaules, et de plus en plus vite, pour récupérer un maximum sur le plan cardiologique et réhabituer mes poumons à l'effort. On augmentait le temps des verticalisations, les poids et le nombre de séries pour l'exercice des poulies. Je devenais performant et je n'allais pas tarder à apprendre les transferts, qui allaient me servir désormais durant toute ma vie.

Les transferts étaient tout simplement les différents déplacements entre mon fauteuil et le lit, la voiture, les WC, la douche... et tous les déplacements nécessaires qui serviraient pour obtenir une totale autonomie. C'était ça que tous les patients travaillaient dans les centres de rééducation. Ce n'était absolument pas pour essayer de me faire remarcher, comme je le pensais, mais pour me rendre le plus autonome possible, en m'enseignant de nouveaux gestes qui me permettraient d'évoluer dans ma nouvelle vie d'handicapé.

Avec mon kiné, nous étions tous les deux dans la performance, en compétition, il n'y en avait pas un pour ralentir l'autre, jusqu'au jour où il y eut de la casse. Il était en train de me mobiliser énormément les jambes pour travailler les articulations, les muscles, la circulation et la souplesse. La souplesse était primordiale pour mon autonomie. J'allais en avoir besoin pour mes séances d'habillage, de lavage et de nombreux autres mouvements de ma vie quotidienne. Ma jambe gauche était très souple et j'arrivais à plier le genou complètement. Ma jambe droite en revanche était très raide, mon fémur, avec son clou, avait fabriqué un excès de cal sur le dessus de ma cuisse, qui m'empêchait de plier complétement le genou. Mon kiné voulait absolument arriver avec cette jambe à la même performance qu'avec ma jambe gauche, si bien que les muscles qui coiffaient le dessus de ma cuisse s'abîmèrent, provoquant une petite hémorragie interne. Je regagnai ma chambre avec le genou qui avait doublé de volume et mon kiné, un peu désemparé, m'accompagna en demandant des poches de glace aux infirmières, qui m'attendaient devant ma chambre pour me remettre au lit avec le lève-malade. Je fus pris d'une angoisse, à penser que j'allais devoir ralentir ma rééducation et peut-être même rester à nouveau des journées entières sans me lever.

Le soir, une interne, mignonne et très excitante avec sa tenue, débarqua dans ma chambre, elle avait été mise au courant de mon incident. Je lui racontai les faits et je ne sais pas pourquoi elle ne m'écouta pas, pour elle, le diagnostic était une phlébite, si bien qu'elle doubla les doses d'anticoagulants, sans que je le sache. Le lendemain, c'était la catastrophe, l'hémorragie s'était amplifiée et je frôlais les cinq de tension. L'interne du matin, mon interne habituelle, débarqua enfin, et affolée par les consignes meurtrières données par l'interne de la veille, s'empressa de me faire poser deux perfusions aux pieds afin d'éviter le drame. Je fus transporté aux urgences de l'hôpital Pellegrin à Bordeaux, et après avoir passé toute la journée aux urgences, je redevins stable, avec une bonne tension et une hémorragie contrôlée. Je pus donc regagner Gassies vers vingt-deux heures, avec une attelle au genou, que je devais garder le temps que l'hématome se résorbe. Quinze jours plus tard, tout était rentré dans l'ordre mais entre-temps mon kiné, qui n'avait peut-être pas supporté cet échec, était tombé malade.

Je repris la kiné avec un remplaçant, jeune et très agréable, qui prenait soin de moi. Je m'arrangeais pour avoir les mêmes heures de kiné qu'Hélène. Je commençai mes premiers transferts, en apprenant les techniques avec une planche. La planche de transfert était nécessaire au début, et elle le resterait pour les plus faibles, souvent les femmes, par manque de force dans les épaules et les bras, des outils indispensables pour l'autonomie des paraplégiques. Cette planche était conçue en forme d'arc de cercle, afin d'être positionnée à cheval sur l'assise du fauteuil roulant et sur l'endroit de transfert désiré, comme par exemple le lit ou un fauteuil fixe normal.

Je commençai l'exercice en suivant les instructions de mon kiné et j'essayai de monter mes épaules pour faire décoller mes fessiers et enchaîner le fameux mouvement rotatif qui achèverait mon transfert, afin de me retrouver sur la banquette prévue pour ce genre d'exercice. C'était carrément trop compliqué, j'étais encore trop faible pour soulever ce poids mort. Je comprenais maintenant à quoi servait la planche, elle me permettait de découvrir les transferts et je me laissais glisser sur elle par manque de force. Le kiné était content de moi, car même privé de mes abdominaux, je tenais bien mon tronc sur la banquette. Mais ce petit exercice avait déjà grillé toute mon énergie, et je me fis porter pour le retour dans mon fauteuil. L'apprentissage de cette nouvelle vie n'allait pas être simple, et je cogitais sans arrêt. Au fil des jours, les glissades sur la planche se répétaient et ça devenait un jeu d'enfant, mais il fallait continuer la musculation pour que j'arrive à me transférer sans planche.

Hélène se rendait régulièrement chez les psychologues et je devais moi-aussi sauter le pas et les rencontrer. Je ne connaissais pas du tout ce milieu-là, dans ma vie d'avant je réglais toujours mes problèmes seul, et la dépression ne m'avait jamais concerné jusqu'à l'accident. Je ne savais pas si ces personnes seraient capables de m'apporter quelque chose de positif, de soigner mon anxiété, mes angoisses, mes insomnies, mon mal-être, mes envies de disparaître... Il fallait que j'essaie.

Mon premier psychologue à la Tour de Gassies était un homme, et je lui déballais ma vie, mon passé, mon présent, avec mon ressenti, mon mal-être. Il m'écoutait et ne parlait jamais. J'avais du mal à comprendre comment un homme assis en face de moi et ne faisant qu'écouter et boire mes paroles sans rien dire pourrait m'aider à retrouver mon chemin. Si c'était vraiment ça le métier de psy, je comprenais alors pourquoi autant de gens sur terre restaient dépressifs. Il ne m'apportait rien, je lui avais simplement fait découvrir l'histoire de ma vie et mon état dépressif. Sa seule utilité avait été de compléter mon dossier médical en mentionnant ma dépression.

Le centre comptait des psychiatres, et je me demandais si les psychiatres étaient plus compétents que les psychologues. On m'expliqua que les psychiatres, après nous avoir écoutés parler de nos malheurs, avaient la compétence de nous prescrire des ordonnances afin de nous bourrer d'antidépresseurs. C'était en quelque sorte la seule différence, c'étaient de vrais médecins, qui pouvaient produire des actes médicaux.

Je comprenais que ce n'était vraiment pas pour moi, que ça ne m'apporterait rien, mais que j'allais être amené à les revoir dans le programme protocolaire qui m'était imposé et était apparemment obligatoire dans la reconstruction d'un nouveau paraplégique comme moi.

Un matin dans ma chambre débarqua Fabienne, l'ergothérapeute, qui venait pour ma formation continue. Elle venait me faire des cours sur l'habillage et me donner quelques conseils pour me laver assis dans un fauteuil, tout en renforçant les techniques de transferts. Les séances se déroulaient toujours le matin après le petit-déjeuner et avant ma séance de kiné. Tout était planifié et il ne fallait pas perdre de temps afin de ne pas raccourcir les séances de kiné. J'oubliai le peu de pudeur qu'il me restait pour affronter Fabienne tout nu. Toute ma virilité avait disparu, mes organes génitaux étaient en pleine attraction terrestre, ma force était limitée, j'étais tout maigre et mon tronc se dérobait en permanence sans mes abdominaux, rien d'excitant ni d'attirant. Je ressentais de la honte et de la tristesse. Elle m'aida à me transférer cette fois sur un autre fauteuil roulant en plastique, spécialement conçu pour la douche et la toilette. Il était percé au niveau de l'assise et d'une hauteur suffisante pour se positionner au-dessus des toilettes. J'allais enfin échapper aux touchers rectaux et aux extractions manuelles des selles.

Elle m'apprenait à me pencher de façon à pouvoir introduire un suppositoire dans mon anus, qui servirait à faciliter l'évacuation de mes selles. Le principe était chimique, après son introduction, il provoquait une pression dans le rectum et lors de sa fonte je me transformais en karcher. Le résultat était imparable, l'attente était de quelques minutes seulement. Le plus dur dans cet exercice était d'atteindre son sphincter, par la lucarne sous l'assise, prévue à cet effet. Les premières fois, mes bras me semblaient vraiment trop courts mais je compris rapidement qu'il fallait encore travailler ma souplesse pour atteindre la cible. Une fois vidé, je pouvais passer sous la douche. J'étais obligé de me tenir d'une main à un accoudoir pour maintenir mon tronc, afin de ne pas basculer en avant lorsque je lavais mes parties inférieures. Mes pieds étaient tenus par des cales, afin de maintenir mes jambes, lourdes et endormies. Je m'essuyais ensuite le corps comme je le pouvais et une fois sec, quelquefois, suite à ces mouvements intensifs, ma vessie déclenchait des contractions et je fuitais, il fallait repartir sous la douche. Une vraie galère et encore une mission compliquée à ajouter à mes futures tâches quotidiennes. Je me transférais ensuite à nouveau du fauteuil au lit, à l'aide de ma planche, et paré par Fabienne. Avant de passer à l'habillage, une infirmière venait contrôler le pansement étanche de mon escarre, et il arrivait qu'il faille le changer plus rapidement que prévu.

L'habillage se faisait allongé sur le lit, la position la moins difficile pour s'habiller de la tête aux pieds. Je commençais par enfiler le caleçon, ce qui était impossible les premiers temps, je manquais de souplesse, mon épaule droite était bloquée, suite à ma fracture de la clavicule et à la lésion de mon plexus brachial. J'atteignais à peine le haut de mon tibia. Côté gauche, il me manquait quelques centimètres pour atteindre mon pied. Il me fallait travailler la souplesse, c'était primordial pour avancer. Je me battais, les douleurs étaient insoutenables lors des étirements en séance de kiné, mais ça finissait par payer. Quelques semaines plus tard, mon anus s'était drôlement rapproché et mes pieds aussi. J'enfilais mon caleçon en position allongée, je balançais un coup mon corps à droite, puis un coup à gauche pour faciliter la montée infernale du caleçon et lui permettre de se mettre en place et de cacher mon mollusque et mes fesses. La tâche suivante était beaucoup plus compliquée : enfiler les chaussettes de contention. Pour cela il fallait être un paraplégique de haut niveau. C'était très technique, la souplesse était nécessaire mais il venait s'ajouter le pliage de la chaussette. Étant valide, une chaussette de contention était déjà quasiment impossible à enfiler, alors imaginez-vous sans l'usage des jambes, des abdos et avec une épaule en vrac. La technique était de mettre tout d'abord les chaussettes à l'envers, repérer l'emplacement du talon et les enfiler ainsi, afin qu'elles se retrouvent ensuite dans le bon sens. Pour le pantalon, c'était le même principe que pour le caleçon. Les chaussures demandaient encore plus de souplesse que le reste pour les enfiler sur les pieds. La partie haute, pull et tee-shirt, ne posait pas de problème, sauf pour enfiler la manche droite, en raison de mon épaule encore verrouillée. Mais après quelques semaines, je devenais champion du monde d'enfilage de chaussettes, je m'étais surpassé et entraîné à haut niveau. J'étais tellement fier que je me vantais de mes exploits auprès de tous les paraplégiques que je connaissais. Le temps passé à l'habillage me faisait empiéter pas mal de fois sur les séances de kiné, mais je me devais d'être le plus rapidement possible autonome pour ces tâches essentielles de ma vie. Progressivement, tout rentrait dans l'ordre et j'arrivais de nouveau à l'heure en kiné.

Après avoir pris quelques douches, je m'aperçus, lors du nettoyage de mes bourses, qu'une d'entre elles manquait à l'appel. Je l'avais sûrement perdue lors de la chute sur le trottoir. J'avisai le docteur que j'étais devenu mono-couille, et après examen il m'annonça que ma boule ne s'était pas perdue sur le trottoir, mais qu'elle s'était transformée en cochonnet suite au choc. Elle s'était atrophiée, mais ne nécessitait pas d'être retirée, aucun problème n'était à craindre.

Après ces considérations, le médecin resta dans le sujet et m'annonça qu'il était nécessaire de convenir d'un rendez-vous avec le sexologue de la Tour de Gassies, pour une initiation aux rapports sexuels en tant que paraplégique, et pour effectuer des prélèvements de sperme.

Hélène était entrée au centre quelques promos avant moi et avait de l'avance sur le programme. Elle me lança une invitation pour le premier repas qu'elle allait réaliser avec son ergothérapeute, au stand cuisine. Nous devions en effet apprendre de nouveaux gestes pour cuisiner et apprendre à prendre en compte tous les nouveaux dangers induits par notre condition de paraplégiques, comme les brûlures, très fréquentes en raison de notre absence de sensibilité. Le mobilier était vraiment adapté à tous les styles de handicaps, et il était possible d'évoluer et d'attraper tout ce qui était nécessaire pour cuisiner. Tout était prévu, même les meubles hauts basculaient grâce à des vérins, qui les faisaient descendre et les rendaient accessibles. Les éviers étaient suspendus, ce qui permettait d'y accéder depuis un fauteuil roulant. Les fours et les plans de travails étaient positionnés plus bas afin de mieux les atteindre.

Le lendemain, j'arrivai à midi pétantes, je ne voulais absolument rien manquer, et j'avais eu la chance et le privilège d'être choisi comme invité d'honneur par Hélène la cuisinière. J'arrivai en cuisine et tout était déjà prêt, nous nous retrouvions une dizaine attablés, car Hélène cuisinait avec deux autres paraplégiques, qui avaient également leurs invités. Ça sentait super bon, et sur les instructions de l'ergothérapeute, les trois cuisinières, chacune à leur tour, nous servirent les plats qu'elles sortaient des différents fours. Je sentais Hélène heureuse, je pensai qu'elle se retrouvait dans ces gestes quotidiens, qu'elle avait dû faire des milliers de fois dans sa vie, et que ça la rassurait de pouvoir les retrouver et les reproduire. Le repas se terminait et on allait, comme la plupart des patients, prendre notre expresso ou notre thé dans le grand hall d'entrée du centre, en attendant le programme de l'après-midi. Hélène était très mode et elle portait des pantalons et des jeans toujours super bien taillés.

Une commerciale en vêtements spécialement adaptés aux personnes en fauteuil, et plus particulièrement en pantalons et jeans, lui rendait visite régulièrement pour lui proposer des nouveautés. Je faisais rapidement sa connaissance, car moi aussi j'étais très branché mode et fringues, et je me devais d'acheter rapidement des pantalons. Mes pantalons ne m'allaient plus, j'étais devenu trop maigre et mal foutu. Valide, je portais beaucoup de pantalons taille basse et quand vous devenez invalide en fauteuil, la position assise vous oblige à porter des tailles hautes, comme les vieux. Ces pantalons, que Caroline, la commerciale, nous présentait, étaient très bien faits, comme elle d'ailleurs. Les coutures étaient cousues à l'envers pour ne pas abîmer la peau, il n'y avait pas de poches à l'arrière pour éviter les débuts d'escarre, ils enveloppaient très haut nos fesses avec un élastique à la taille pour garantir le maintien du pantalon, les fermetures éclair descendaient très bas pour favoriser les sondages urinaires, ils étaient très bien taillés avec une très bonne qualité de tissu et de jean, très souples. Je m'empressai d'en commander, car n'ayant plus de jeans ni de pantalons à ma taille, j'étais obligé de porter tous les jours des survêtements, super larges et très laids. Je partis en kiné après avoir passé commande, en laissant Hélène poursuivre ses achats avec Caroline. Hélène n'avait pas kiné cet après-midi-là, elle allait faire deux heures de cours de conduite avec une auto-école spécialisée dans les personnes à mobilité réduite. J'allais également devoir prendre quelques cours, afin de me familiariser avec des nouvelles manettes que l'on ajoutait spécialement dans les voitures pour les handicapés, et qui me permettraient de reconduire un jour et de faire valider cette nouvelle option sur mon permis de conduire, comme prévu par la loi lorsque vous devenez handicapé.

Mon état étant devenu assez stable, le médecin-chef du service m'autorisa à faire ma première sortie pour le week-end, et je m'organisai avec un ami qui habitait le Médoc, à tout juste une heure du centre, et qui m'avait proposé de passer du temps avec lui, au moins le temps d'un week-end. J'allais enfin pouvoir me sentir libre, mais en même temps j'étais très angoissé de rejoindre le monde extérieur, dans mon état physique encore très faible.

Il fallait une logistique incroyable pour organiser ma sortie. Le médecin donna son accord à condition que je loue un lit médicalisé avec un matelas anti-escarre, donc je demandai aux secrétaires du centre de prévoir une ambulance pour le vendredi soir avec un retour le dimanche, et de faire livrer un lit avec un matelas chez mon ami. Le week-end était proche, et Hélène aussi, comme chaque week-end, se préparait à rentrer chez elle, à Sainte-Livrade dans le Lot-et-Garonne, à deux heures de route du centre, pour rejoindre son compagnon, son fils de sept ans et sa fille de dix-huit ans. Elle était toujours contente de partir, mais je la retrouvais souvent très triste le dimanche soir. Elle n'était pas triste de revenir et de quitter son chez-soi, mais ce qui la rendait triste c'était que tous les week-ends elle cohabitait chez elle avec son passé. Elle ne pensait qu'à sa vie d'avant, et elle la comparait avec sa nouvelle vie. C'était inévitable, ingérable, le cerveau était seul maître et il prenait les commandes. Je savais qu'il ne fallait absolument pas que je rentre chez moi, comme Hélène le faisait, du moins pas pour le moment, le temps se chargerait de réparer les cicatrices et de me permettre d'accepter le retour. Notre vie pour l'instant, c'était les centres de rééducation, il nous fallait éviter les lieux familiers, qui allaient nous replonger automatiquement dans le passé, nos souvenirs, et nous faire sombrer en nous faisant comparer sans cesse nos deux vies. Le chemin du retour à la maison allait être très long, mais j'étais conscient que la patience était mon alliée et que sans elle le monde s'écroulerait.

Gabi m'accueillit chez lui comme un roi pour ma première sortie, et à ma grande surprise, il avait invité deux supers potes et collègues, Hervé et Jérôme. Mon premier week-end fut une réussite, mes amis m'avaient permis de m'évader et d'oublier quelque temps mes souffrances physiques et psychologiques.

Je regagnai le centre le dimanche en fin d'après-midi, et je me rendis avec Hélène au réfectoire. Je lui racontai mon premier week-end dehors, et elle fut ravie pour moi. De son côté, je la sentais moins enthousiaste, et j'essayais d'être le plus adroit possible dans la conversation, afin de la réconforter et de réchauffer son cœur. On se quitta dans le couloir devant l'infirmerie, après avoir récupéré nos médicaments, classés dangereux, et donc jamais distribués dans les chambres. Lors de nos insomnies, on s'envoyait des messages par texto pour se motiver, mais quelquefois aussi pour se plaindre.

Le lendemain j'étais prêt, je me rendais à mon premier rendez-vous de sexologie « spécial paraplégique » et on allait essayer de me prélever du sperme.

On m'installa dans une pièce et une infirmière, très calée sur le sujet, vint me demander d'avaler huit comprimés de Gutron pour faire redresser ma verge. Le Gutron est un médicament pour les personnes en hypotension et il allait agir et augmenter mon débit sanguin pour favoriser l'érection. Un tensiomètre avait été installé pour contrôler en permanence ma tension, qui allait automatiquement être très élevée, suite à la surdose volontaire de Gutron. En parallèle, on m'expliqua le déroulement des opérations pour le prélèvement. On me présenta un appareil qui servirait à me faire éjaculer. Son aspect était un croisement entre un sextoy vibreur en forme de verge et une ponceuse de chez Black et Decker. L'infirmière commença les festivités, en prenant d'une main l'appareil éjaculateur et de l'autre main ma verge. Le but était de poser la machine vibrante sur mon gland afin de le stimuler, pour qu'il crache une éruption de spermatozoïdes. J'étais très loin du film érotique, mais plus près de « Massacre à la tronçonneuse », avec le bruit de cette machine infernale. Hélas, le seul résultat fut une hypertension à 21, une verge qui restait molle et le Vésuve éteint.

Je restais en observation pendant une heure, le temps que ma tension redescende. En attendant, je lisais un prospectus que m'avait remis l'infirmière, représentant le Kama Sutra des paraplégiques, rien de vraiment excitant.

Je repartais bredouille et l'agrandissement de ma progéniture sentait le roussi, Charlotte resterait sûrement fille unique. Les paraplégiques deviennent souvent impuissants car les organes qui fabriquent le sperme sont la plupart du temps endommagés et n'en produisent plus, ou parfois en produisent, mais de mauvaise qualité. Je pensais tout de suite aux relations sexuelles par pénétration, que je ne pourrais plus jamais avoir, et à mon impuissance, qui contribuerait à ce que je ne puisse plus jamais avoir d'enfant.

Après toute cette accumulation de contraintes, de douleurs, de souffrances, de privations, d'invalidité, je me demandais, encore et encore, quelle était ma raison d'exister. Il y avait ma fille, Charlotte, mais allait-elle peser assez pour équilibrer la balance?

On me donna un nouveau rendez-vous, pour aborder les questions diverses sur les pratiques de l'amour, et pour une nouvelle tentative de prélèvement de spermatozoïdes.

Les semaines s'enchaînaient avec des hauts et des bas, mais je survivais. Je me faisais régulièrement dessus, le suppositoire n'était plus efficace seul et je subissais de nouveau, dans la journée, des touchers rectaux de contrôle, avec des extractions de selles si besoin. Lors de certaines séances de kiné, qui devenaient plus intensives, et lors des transferts, plus fréquents, les fuites urinaires apparaissaient, plus régulièrement. C'était très humiliant, mais encore plus je pense pour une femme. Ma pauvre Hélène avait souvent des fuites urinaires lorsqu'on se baladait dans le centre. Je l'informais toujours avec mon humour, lorsque les fuites apparaissaient et qu'elles devenaient abondantes: « Attention, les bottes dans peu de temps vont devenir obligatoires » ou bien « Une rivière urinaire se fait sentir » et je voyais tout de suite son visage se décomposer. Je remontais avec elle jusqu'à la porte de sa chambre pour la soutenir, et j'attendais qu'elle se change pour me rejoindre ensuite. C'était ça la vie de para, pleine de surprises toujours désagréables et très difficiles à accepter.

Mon programme était bien entamé, et il me fallait poursuivre avec de nouveaux points que je n'avais toujours pas abordés. Le kiné m'emmenait maintenant régulièrement dehors dans le parc du centre, pour me faire évoluer avec mon fauteuil à travers les différents revêtements et obstacles, comme le goudron, la terre, l'herbe, les cailloux, les trottoirs et tous les obstacles que j'allais rencontrer, liés aux infrastructures du milieu urbain. Il m'apprenait l'équilibre sur deux roues, ce qui était obligatoire pour certains franchissements et qui me permettrait également une bonne stabilité dans mon fauteuil. L'ergothérapeute me faisait effectuer les différents transferts que j'allais rencontrer dans mon quotidien, comme pour la douche, les WC, le lit et la voiture. Je pris aussi mon premier cours de conduite, mais au bout d'une heure le moniteur me ramena au centre, je n'avais pas besoin de plus pour passer devant l'inspecteur de conduite qui validerait mon permis.

Le médecin-chef constata que ma rééducation évoluait d'un bon rythme et l'escarre aussi, il me donna donc l'autorisation de sortir pratiquement tous les week-ends.

Je profitai de l'invitation d'amis d'enfance qui possédaient une maison sur le bassin d'Arcachon, un endroit que j'adorais. J'y avais passé pas mal d'étés et je savais qu'en y allant, j'aurais des souvenirs éprouvants qui remonteraient, mais je savais que retrouver mes amis et cette incroyable vue sur le bassin me ferait dans tous les cas beaucoup de bien. Ce fut le cas, j'étais ravi, je pus m'évader le temps d'un court week-end, durant lequel j'oubliais mes soucis et mes douleurs.

Cela faisait deux mois et demi que j'étais au centre, et l'évolution me paraissait fulgurante comparée aux trois mois passés au centre de Verdaich.

Caroline, comme tous les mercredis, était venue me voir avec Charlotte. C'était deux semaines avant mon anniversaire, et elle me proposa de le fêter à la maison, entouré d'amis. Il fallait que je demande exceptionnellement à la direction de m'accorder quatre jours pour le week-end, mon anniversaire tombant un mardi. Je n'avais pas du tout envie de rentrer chez moi, je stressais de retrouver ma maison, mes anciennes habitudes, mon ancienne vie, et je lui demandais d'attendre, car je devais réfléchir. Je savais pertinemment qu'il était trop tôt, que j'allais, à chaque moment passé chez moi au milieu d'amis valides, m'autodétruire. Je finis pourtant par accepter cette offre suicidaire, car je ne voulais pas décevoir Caroline, je ne voulais pas qu'elle se rende compte de ma souffrance réelle, et je voulais faire plaisir à mes amis et leur montrer mon évolution physique, tout en leur cachant mes douleurs psychologiques et neurologiques.

Ce week-end aura été un échec pour tout, je ne supportais plus ma maison, j'étais obligé de dormir dans le salon, car l'étage où se trouvaient ma chambre et ma salle de bains m'était inaccessible. Le jour de mon anniversaire, Caroline avait invité des amis, des collègues de travail et quelques amis d'enfance. J'étais très mal à l'aise au milieu de tous ces gens valides. Ils rigolaient tous entre eux et les voir tous heureux accentuait ma dépression, très présente. Cette fête m'avait totalement anéanti, et il me tardait de retourner au centre avec Hélène et mes handicapés. Le monde valide, je n'en voulais, plus, ce n'était plus pour moi.

Je comprenais encore plus les tristes retours de week-ends d'Hélène. Le retour dans le monde des valides et dans nos vies antérieures devait se faire en douceur et avec le temps nécessaire. Je proposai à Hélène de ne plus rentrer et de rester avec moi les week-ends, en attendant une meilleure acceptation du retour à la vraie vie. Elle se sentait obligée de rentrer pour sa famille, ce que je comprenais, mais je savais qu'elle était bien trop faible psychologiquement pour encaisser.

Un week-end de novembre, le 16 et le 17, je restai au centre et Hélène rentra chez elle comme tous les week-ends. À son retour le dimanche, lors du repas au réfectoire, je la sentis vraiment mal. Elle avait le regard vide, le visage fermé et tenait des propos très négatifs. Je comprenais à travers son discours qu'elle voulait mettre un terme à sa vie dans la nuit. Elle savait que je souffrais autant qu'elle et me proposa le co-voiturage. Elle mangea très peu et voulut, à l'inverse des autres retours de week-end, regagner sa chambre au plus vite. Je compris qu'elle était pressée de préparer son geste suicidaire et prémédité depuis longtemps. Elle ne m'écoutait plus et avait déjà choisi de partir. Je restais ce soir-là de longues heures avec elle, et je sentais que je la gênais dans ses préparatifs. Il était tard, j'étais fatigué et il me fallait à mon tour regagner ma chambre. Je m'arrêtais à l'infirmerie qui se trouvait entre nos deux chambres et je prévenais le personnel de nuit, afin qu'ils redoublent de vigilance et qu'ils surveillent Hélène toute la nuit pour éviter le drame.

Le lendemain matin, vers sept heures trente, je fus surpris de me faire réveiller par le grand ponte, il ne venait pas pour m'apporter le petit-déjeuner, mais pour m'annoncer qu'Hélène s'était suicidée. Il avait lu dans les rapports de la nuit que j'étais venu signaler au personnel la grande détresse d'Hélène et son désir de quitter ce monde. Elle avait été surveillée toute la nuit, mais un quart d'heure d'absence pendant la relève des équipes avait suffi pour qu'elle commette l'irréparable. Elle avait eu le courage de se couper avec un scalpel une des artères fémorales pour se vider de son sang. Elle était du métier, elle savait comment atteindre la cible et elle avait ramené de chez elle le matériel tranchant. Je trouvais inadmissible que l'on ne fouille pas systématiquement les chambres où séjournent des patients dépressifs, alors que d'un autre côté le personnel était attentif et ne laissait jamais dans les chambres des médicaments classés dangereux. Le médecin m'expliqua qu'il respectait le règlement, qui lui interdisait la fouille. J'étais dans une grande colère et je m'en voulais de ne pas être resté auprès d'elle.

Je décidai de quitter définitivement le centre, il m'était impossible de rester sur les lieux du suicide d'Hélène et de poursuivre ma rééducation sans elle. Le médecin comprenait et accepta ma décision, en ne s'opposant aucunement à mon départ. Mais je ne voulais pas rentrer chez moi, il me fallait trouver dans la région toulousaine un logement adapté, qui me permettrait pendant quelque temps de me préparer avant d'envisager le retour définitif à mon domicile. C'était une décision très difficile à prendre, mais je me sentais incapable psychologiquement de rester à la Tour de Gassies. J'accumulais une tragédie supplémentaire et je me trouvais au-dessus de l'enfer. Il fallait que je reste fort dans ma tête, mais d'après les psychiatres, je devais absolument poursuivre mon traitement d'antidépresseurs, en augmentant les doses pour ne pas sombrer dans une grande dépression. J'avais très peur de ma décision, de retourner dehors, dans ce monde très difficile à supporter, même pour les valides, mais je ne voulais pas partir pour un troisième centre, ça suffisait, je saturais.

Je me retrouvais orphelin, à naviguer entre la kiné, le réfectoire et ma chambre, j'étais vraiment perdu. Les patients qui avaient appris la mauvaise nouvelle et avaient remarqué notre complicité m'interpellaient, ils étaient tous choqués, ils me réconfortaient tous comme ils le pouvaient. Le docteur en chef avait réuni tous les patients de notre étage pour les informer.

J'eus le privilège de recevoir dans ma chambre le psychiatre, qui avait la lourde tâche de me réconforter par ses discours. Mais je ne l'écoutais pas, d'ailleurs je n'écoutais personne.

J'avais prévenu mes proches de la mauvaise nouvelle et de mon intention de quitter le centre prématurément. Le jour même de la disparition d'Hélène, je trouvais, après quelques recherches sur internet, une résidence pour seniors proche de Toulouse, avec un studio disponible et accessible pour m'accueillir. Je confirmais par téléphone mon arrivée pour le lendemain. Des amis, que j'avais prévenus, s'étaient déplacés pour aller chercher quelques meubles chez moi afin d'aménager l'appartement. J'avais loué un lit médicalisé, et ma mère à Tarbes se préparait à s'installer avec moi pour m'assister, le temps que je m'assume en toute autonomie.

Le dernier soir à Gassies, le personnel de la veille vint s'excuser et me dire qu'ils avaient fait tout leur possible pour éviter le drame. Ils étaient restés à tour de rôle pour veiller sur Hélène, mais dix minutes pendant la relève avaient suffi pour qu'elle commette l'acte. Je demandai un double-somnifère pour m'endormir au plus vite et oublier ma vie, le temps d'une nuit.

Le lendemain matin, l'ambulance qui devait me rapatrier vers Toulouse était là dès la fin de ma toilette, et je fuyais le centre comme un voleur, avec un simple au revoir de la main à ceux que je croisais dans les couloirs.

LE RETOUR À LA VRAIE VIE

Je découvris ma nouvelle résidence, entouré de vieux, et je pris place dans mon appartement avec ma nouvelle compagne, ma mère. Je repartais vingt-cinq ans en arrière, lorsque j'étais encore adolescent et dépendant de mes parents. Ce retour si brutal, après toutes ces années merveilleuses et bien remplies qui m'avaient éloigné de ma famille à cause du travail, de mes amours, mes voyages, mes loisirs, ma vie d'adulte en somme. J'avais l'impression de revenir auprès de ma maman comme un vieux garçon, qui allait se faire entretenir et torcher les fesses jusqu'à la fin de ses jours. Une sensation qui m'était insupportable. Malheureusement, la patience et le temps allaient me permettre peut-être un jour d'accepter ma nouvelle vie, du moins d'apprendre à vivre avec. Je savais, par rapport au court séjour passé chez moi lors de mon anniversaire, que le retour prématuré à mon domicile serait suicidaire. Lorsque j'avais franchi le seuil de ma maison, mon cerveau était devenu incontrôlable et il n'arrêtait pas de juxtaposer mes deux vies, en faisant constamment des comparaisons qui ouvraient les portes à une grande dépression, déjà bien présente à l'époque.

Je m'installai, l'appartement était composé d'une chambre, d'un salon, d'une cuisine, d'une salle de bains et d'un WC séparé. Sur la présentation que j'avais reçue par mail, et aux dires de l'agence qui gérait la location, il était adapté, mais après quelques manipulations avec mon fauteuil de douche, je m'aperçus vite que la douche et le WC étaient trop petits, ce qui rendait ma toilette très compliquée. Le matin, des infirmières étaient prévues pour le pansement de l'escarre et l'extraction manuelle des selles. Je passais mes journées avec ma mère, en attendant de trouver un kinésithérapeute ou un centre de rééducation en hospitalisation de jour qui m'accepterait, pour finaliser ma rééducation et retrouver mon autonomie dans les meilleures conditions.

Je retournai à Bordeaux quelques jours après mon retour à Toulouse, pour passer l'épreuve de conduite obligatoire avec le système adapté pour handicapés, afin de valider mon permis. Ce fut une simple formalité. Je revins avec un permis de conduire en poche, qui me permettrait de me déplacer plus facilement et d'acquérir de l'indépendance. Je pourrais dans les prochains jours me rendre à ma rééducation seul, sans avoir à faire appel à une ambulance-taxi.

Je pris rendez-vous dans les jours suivants pour faire équiper mon véhicule, afin de pouvoir l'utiliser au plus vite. Mes premiers moments de conduite furent fabuleux, je ressentais une énorme sensation de liberté, de pouvoir me rendre facilement et comme avant à un endroit désiré. Quand vous conduisez, c'est vraiment l'un des seuls moments où vous ne vous rendez plus compte de votre invalidité, vous vous retrouvez comme les autres, avec le même aspect physique, assis dans une voiture sans aucun signe faisant ressortir votre handicap, vous vous déplacez à la même vitesse et sans aucun obstacle, c'est tout simplement magique.

Je trouvai, pas trop loin de ma résidence senioriale, un kinésithérapeute qui m'accepta, mais en parallèle j'avais fait des demandes auprès de la clinique du Cabirol et de celle des Cèdres, qui étaient mieux équipées et beaucoup plus habituées aux paraplégiques.

Marie-Hélène, ma tante avocate, qui suivait mon dossier depuis l'accident puisqu'un procès était en cours, m'informa que j'allais recevoir ces jours-ci la visite du médecin-expert qui me représentait, ainsi que celle d'un médecin-expert et d'un inspecteur régleur corporel, appartenant tous deux à la partie adverse, l'assureur AXA. Il était convenu, sur décision de ma tante et de mon expert, d'effectuer une première expertise à l'amiable, afin de relater tous mes préjudices et séquelles, ainsi que les problèmes rencontrés pendant mes séjours en milieu hospitalier et dans les centres de rééducation. Lors de leur visite et de l'interrogatoire, je sentais déjà la partie adverse réticente sur certains sujets, et je savais pertinemment qu'ils étaient là pour faire leur travail, mais aucunement pour être généreux sur le plan du dédommagement. Je verrais bien, mais je savais qu'en travaillant en famille avec ma tante, moi flic, elle avocate, et avec notre complicité imparable, nous allions leur rentrer dans la couenne.

Mon père vint me rendre visite chez les seniors. Il ne prenait pas en considération mon handicap et ne s'imaginait pas à quel point je me sentais faible physiquement et psychologiquement. Tout était normal pour lui et il pensait que je pouvais tout faire et tout entendre comme lorsque j'étais valide. Malheureusement, je n'encaissais plus comme avant. Je fatiguais très vite et ses théories sur la vie m'agaçaient. Nous partîmes rapidement dans des discussions conflictuelles, et dans son élan il me tint des propos injustifiés et inadmissibles venant d'un père. Sa dernière phrase avant de me quitter en claquant la porte fut de me dire qu'à 65 ans, il était debout et en forme, tandis que moi à 40 ans j'étais sur un fauteuil roulant. Vous pouvez, après ça, imaginer la grande classe et la repartie du patriarche. C'était comme ça, mon père pouvait se fâcher très rapidement, seulement quand vous ne pensiez pas comme lui. Il était prêt à se fâcher pour des années, par fierté et pour des stupidités. Je trouvais ça dommage, surtout qu'il se privait de voir ses enfants et ses petits-enfants, pour une simple engueulade souvent exagérée et injustifiée.

Il s'apercevra peut-être un jour qu'il a été trop con et stupide, et qu'il aurait pu vivre plus de moments merveilleux avec sa progéniture, sans se prendre la tête pour n'importe quoi. Peut-être aussi que je me trompe et qu'il préfère être seul et vivre à l'écart, et nous voir de façon très sporadique. Le voilà qui filait maintenant pour plusieurs mois, voire plusieurs années, sans que je ne le revoie, c'est ça mon père.

Dans tous les cas, j'étais assez amoché par la vie et je ne voulais pas ajouter un problème de plus, il ne m'apportait rien, à part des engueulades qui me déclenchaient des douleurs neurologiques atroces. J'aurais tellement préféré un père qui me soutienne dans ces moments où j'étais si fragile, mais lui au contraire enfonçait un peu plus le clou.

Heureusement ma mère était présente, même trop présente, et elle me soutenait formidablement bien. Ma tante, ma sœur, mon frère aussi, et je ne cesserai jamais de les remercier.

Un mois et demi après, j'intégrai la clinique du Cabirol. Les journées étaient chargées, le matin je recevais l'infirmière, je poursuivais par ma toilette pittoresque, puis je partais, avec mon véhicule adapté à la clinique, où je déjeunais avant d'attaquer la rééducation. Ensuite, vers seize heures, je rejoignais mon appartement, où ma mère m'attendait. J'étais content d'être autonome et de conduire, mais ça devenait vite très fatigant, surtout les retours avec l'heure de pointe et ses embouteillages. Il me fallait en général une heure pour rentrer, et je devais toujours trouver un volontaire pour me mettre le fauteuil dans le véhicule, je n'avais toujours pas la force et la technique nécessaire pour le faire seul. Ma mère était toujours à l'heure, et elle était souvent déjà là quand j'arrivais, à guetter pour venir sur le parking me sortir le fauteuil.

Je galérais vraiment dans cet appartement, et je rencontrais trop de contraintes. Je n'évoluais plus, l'appartement n'était vraiment pas adapté à mon handicap, même la porte d'entrée des parties communes était impossible à ouvrir. C'était un système de fermeture par aimantation et à peine le code effectué, il fallait ouvrir très vite avant que ne revienne l'aimantation, c'était quasiment impossible à faire en fauteuil. Les douches se transformaient en inondations, mon fauteuil-douche étant trop large pour le bac receveur. Le WC était décalé par rapport à sa porte, et je ne pouvais pas y accéder avec le fauteuil. La clinique se trouvait à l'opposé de la ville de Toulouse et de mon appartement. Je cherchai donc à nouveau sur internet les appartements proposés et disponibles pour les personnes à mobilité réduite, et je fus désolé de constater qu'il n'y en avait aucun.

Il fallait que je tente le retour à la maison, je savais que partir à la recherche d'un logement adapté allait être un enfer, une perte de temps accompagnée d'un stress supplémentaire. J'annonçai mon retour à Caroline, elle fut surprise mais contente, on commença donc à mettre en place ensemble une stratégie d'aménagement de la maison.

Ma maison était vraiment inadaptée, mais avec le temps nous allions faire le nécessaire pour la rendre un minimum viable pour moi. La salle de jeux au rez-de-chaussée était devenue ma chambre, car la nôtre se trouvait à l'étage et inaccessible, je me fis donc livrer à nouveau un lit médicalisé avec un matelas anti-escarres, et la buanderie du rez-de-chaussée devint ma salle de bains.

Je n'avais pas besoin de grand-chose, un lit et un point d'eau pour la toilette. Le trajet pour me rendre en rééducation n'était plus que de dix minutes, car je venais d'être accepté à la Clinique des Cèdres à Cornebarrieu, tout près de mon domicile.

J'allais en plus rejoindre aux Cèdres un ami, un frère, Alexandre, dont la vie avait basculé deux ans avant lui aussi, à cause d'un AVC. Il dirigeait une grande société de sécurité et lors d'une protection rapprochée pour une personnalité qui se trouvait en déplacement sur Barcelone, il avait été foudroyé par des maux de tête, il venait de faire un AVC. La vie est très bizarre car c'était lui qui m'avait fait découvrir la clinique de Verdaich lorsque je lui rendais visite, et je ne pensais jamais un jour me retrouver dans ce centre à sa place. Depuis, il continuait tous les jours à combattre sa maladie, en hospitalisation de jour à la clinique des Cèdres. Il avait dû quitter son emploi car il ne pouvait plus assumer son rôle de patron suite à de gros problèmes de concentration et de mémoire, et il laissait à son frère Ludo la responsabilité du poste. Alexandre était le patron de beaucoup de videurs qui travaillaient pour les discothèques toulousaines, et il se devait de travailler régulièrement la nuit afin de régler tous les problèmes nocturnes rencontrés. Il était mon poto quand on sortait, et après avoir fait la fête et dansé des centaines de fois ensemble, nous allions nous retrouver à nouveau pour d'autres festivités beaucoup moins alléchantes, la rééducation. Nos parcours se suivaient et nous avions sûrement dû commettre ensemble trop de péchés pour être récompensés de la sorte. Il me tardait de le retrouver.

J'avais fait le bon choix, il me fallait maintenant encaisser le retour. Caroline continuait à dormir en haut et nous faisions chambre à part pour diverses raisons. Je ne voulais pas lui infliger mon rythme de vie différent du sien, qui était celui de toute personne normale et en bonne santé. Je ne voulais pas qu'elle découvre et subisse brutalement les contraintes quotidiennes de ma nouvelle vie. Les sondages nocturnes allaient automatiquement la réveiller, les soins infirmiers du matin avec le changement du pansement de l'escarre et les extractions manuelles des selles accompagnées de leurs odeurs désagréables finiraient de la dégoûter. La nuit, je devenais de plus en plus insomniaque, les douleurs m'empêchaient de dormir et je devais trouver des positions apaisantes afin de trouver le sommeil. Mes amis Stilnox, Xanax, Lyrica, Prozac, Cymbalta, Paroxétine, Alprazolam, Seroplex étaient présents dans mon corps depuis mon accident, pour m'aider à trouver le sommeil et soulager mes douleurs, mais ils manquaient tous d'efficacité et ils ne faisaient que me transporter dans un état second, je planais avec mes douleurs affreuses, sans trouver le repos, rien d'efficace.

Il fallait que Caroline découvre les aléas de ma nouvelle vie en douceur, pour lui éviter des douleurs psychologiques supplémentaires. Je la sentais fragilisée depuis mon accident et je me devais de la préserver un minimum pour qu'elle évite de trop sombrer et de ne plus pouvoir assumer son rôle de mère auprès de Charlotte. Je pris donc en renfort ma mère et je lui demandai de venir s'installer chez nous quelque temps, pour nous aider dans nos tâches quotidiennes et me remplacer pour les choses que je ne pouvais plus faire. Elle accepta et s'installa dans la chambre d'amis.

Je commençais la rééducation à la clinique des Cèdres quelques jours après mon retour, et je ne me sentais plus capable de conduire, je reculais psychologiquement, je n'étais pas bien et je ne me supportais plus.

Je décidai de faire appel aux ambulances pour mon transport à la clinique. Je rencontrai le docteur responsable du service de rééducation fonctionnelle, qui m'envoya, après notre premier entretien, consulter le psychologue, car selon lui j'avais besoin de parler, et besoin d'une aide psychologique. Je savais pertinemment, par mes antécédents, que je devais me reconstruire seul et que personne ne pourrait m'aider. La consultation psy terminée, on me présenta les kinés qui allaient s'occuper de moi, et je commençai par des exercices familiers comme la verticalisation et la mobilisation.

Les jours suivants, je découvris de nouveaux exercices très physiques, comme réceptionner en position assise un ballon lesté et le renvoyer. Quand vos abdos ne fonctionnent pas, le ballon vous paraît très lourd et il vous emporte, mais avec de la volonté je finissais par développer les muscles dorsaux qui me permettaient de stabiliser mon tronc, c'était indispensable pour avoir une bonne assise et une bonne position dans le fauteuil, afin d'éviter de se retrouver tout avachi. Les autres exercices se faisaient sur un tapis, les kinés me faisaient prendre des positions complexes afin que je retrouve un bon équilibre. C'étaient des exercices très physiques, car j'utilisais le peu de muscles qui me restait pour effectuer les différentes positions, et les maintenir tout en gardant l'équilibre. Le plus difficile était réservé pour la fin de la séance, je me retrouvais au sol après avoir simulé une chute et je devais seul remonter sur mon fauteuil. Quand vous avez atteint ce stade, vous pouvez vous considérer comme un paraplégique autonome. J'étais encore loin de remonter sur mon fauteuil seul, et des heures de rééducation allaient être nécessaires avant l'exploit final.

Je rencontrais d'énormes problèmes lors de mes exercices, qui devenaient de plus en plus physiques. Je développais des fuites urinaires à répétition, toutes les contractions que je fournissais lors d'un effort me trempaient d'urine et souvent je quittais la kiné au bout de dix minutes. Je téléphonais à Caroline à son travail, et elle venait rapidement m'apporter des habits de rechange et m'aider à me changer dans les vestiaires, souvent à la vue des patients. Quelquefois je fuitais à nouveau et l'ambulance me ramenait en milieu de matinée sans que j'aie fini mes exercices. Je me fis prescrire des Penilex et des poches urinaires plus résistantes, pour remédier au problème, mais ce fut de courte durée, les Penilex ne tenaient pas pendant les exercices, et j'étais de nouveau couvert d'urine. En parallèle, à force de me sonder dans les vestiaires ou les toilettes communes, je contractais très régulièrement, par manque d'hygiène, des infections urinaires qu'il me fallait traiter.

Je décidais donc d'arrêter la rééducation, ma dignité en avait pris un coup, à 40 ans je devenais incontinent et il fallait que j'arrête de me donner en spectacle en pissant involontairement devant tout le monde. Je pris rendez-vous au plus vite chez un urologue, un professeur à Rangueil, spécialisé dans l'incontinence des paraplégiques, afin de pouvoir reprendre rapidement ma rééducation. J'obtenais, malgré l'urgence, un rendez-vous seulement quinze jours plus tard.

Je découvris qu'en France, dans un pays que je pensais si civilisé, un homme qui se pisse dessus à longueur de journée ne rentre pas dans la catégorie des interventions prioritaires, on commençait sérieusement à toucher le fond.

Je restais patient dans ma dépression et pendant quinze jours, je passais toutes les journées et les nuits dans mon lit, en attendant le rendez-vous. Malgré la prise de Ceris, un médicament antispasmodique qui lutte contre les contractions anormales de la vessie, j'étais devenu totalement incontinent. Je me sentais dépérir et devenir une loque, l'envie de mourir m'envahissait et je priais chaque seconde pour quitter cette vie de merde.

Le jour du rendez-vous, l'ambulance me récupéra tôt le matin, j'allais subir toute la journée des examens d'urologie. Au final, le grand professeur était absent et je me retrouvais face à une interne, qui m'annonça, après tous les examens passés, que j'étais bien incontinent, et qu'elle allait tenter à la place du Céris un autre traitement, le Ditropan.

J'étais très énervé et je demandai à cette interne incompétente, et sûrement pas du tout intéressée par mon cas, d'avoir l'amabilité et la courtoisie d'aller consulter mon dossier médical complet, que l'on m'avait bien demandé de ne pas oublier pour ce rendez-vous. Je le connaissais par cœur, et je savais pertinemment qu'elle ne l'avait pas lu. Dans mon dossier médical il était écrit en rouge que le Ditropan, le traitement proposé par cette pseudo-interne, m'était interdit pour cause d'effets secondaires. Je l'avais testé auparavant à Verdaich et il s'était avéré destructeur pour ma santé. La pauvre était désolée, et elle n'avait pas d'autre solution que de me proposer un nouveau rendez-vous, dans quatre mois cette fois, avec le grand professeur déserteur.

Son agenda était très rempli, donc je devrais continuer au moins quatre mois à me pisser dessus.

Je tirai définitivement un trait sur tous ces médecins, qui ne prenaient en considération ni la souffrance des patients, ni leur détresse. Cette réponse brutale ne fit qu'accentuer ma dépression. Je me sentais abandonné par le corps médical, et il ne me restait plus que ma famille, très présente, mais impuissante pour m'aider à me reconstruire. Je touchais le fond, et de retour chez moi je n'entendais plus rien, je m'étais transformé en zombie, je ne savais pas que la sensation de mal-être pouvait être aussi forte. Je devais en finir.

J'attendis le lendemain pour me retrouver seul et passer à l'acte. Ma mère était repartie quelques jours à Tarbes et je devais seulement attendre que Caroline quitte la maison pour se rendre au travail. Il fallait que je regroupe tous mes médicaments et que j'attrape une bonne bouteille d'alcool. L'alcool était inaccessible, donc je me contentais d'avaler une centaine de cachets, en espérant que ça fonctionne. Je n'en étais pas certain, sans cette bouteille de whisky que je n'arrivais pas à atteindre, dans les placards du haut de la cuisine.

C'était parti, j'avalai tous mes antidépresseurs, les anxiolytiques et tout ce que je trouvai. Finalement, après avoir englouti tous ces médicaments, je planai, les douleurs étaient plus légères, j'avais enfin trouvé le bon dosage pour me sentir mieux.

Caroline rentra du travail et elle constata que je n'étais pas vraiment dans mon état normal, voire défoncé. Elle découvrit, affolée, toutes les boîtes de médicaments vides et elle s'empressa d'appeler les pompiers. Je finis aux urgences de la clinique des Cèdres.

Je me réveillai quelques heures après dans une chambre d'hôpital, dans un état comateux, je venais de louper ma tentative de suicide. À vrai dire, je n'étais vraiment pas un expert dans ce domaine, je savais simplement que les médicaments ne faisaient pas bon ménage avec l'alcool, mais je pensais que même sans alcool, la quantité de médicaments que j'avais ingurgitée suffirait.

Mon corps devait être habitué aux fortes doses de médocs, car après quelques perfusions pendant le week-end pour laver mes organes et purger mon corps, j'étais sauvé et je rentrais à mon domicile. Ma sœur, ma mère et ma tante avaient débarqué pour venir soutenir Caroline.

Ma petite Charlotte avait été mise à l'écart et elle était gardée pour quelques jours par les parents de Caro, qui habitaient à un quart d'heure de la maison. J'appris que lors de mon court séjour à l'hôpital, la psychiatre de permanence des Cèdres était venue me voir et discuter avec ma famille. Elle voulait m'interner quelques jours mais pour moi c'était niet, le monde des fous n'était pas ma priorité et je savais que ça n'arrangerait rien, bien au contraire.

J'avais dès le lundi un rendez-vous avec ma psychiatre aux Cèdres, et elle renouvela, en augmentant les doses, mon traitement à base de Prozac et de Xanax. Je devais absolument suivre ce traitement, j'avais besoin de cette aide, et je devrais ensuite diminuer les doses au fur et à mesure, si mon état psychologique s'améliorait. Elle m'expliqua également qu'un sevrage était inévitable avec cette catégorie de médicaments, et qu'un arrêt brutal causerait des troubles psychologiques supplémentaires.

Je n'en tenais pas compte et je décidai, à partir de ce jour, de ne plus avaler aucun médicament, que ce soit pour mes douleurs ou mes problèmes de dépression.

Je me transformais désormais en guerrier, et j'étais prêt à remonter la pente. Il s'était passé quelque chose d'incroyable dans mon cerveau, un déclic sûrement parce que je venais vraiment de toucher le fond. Quelque chose que je ne peux toujours pas expliquer, peut-être un instinct de survie. Ma famille était très sceptique, surtout ma mère, de me voir arrêter tous les traitements.

Je me rendais compte au fil des jours que ces saloperies de médicaments amplifiaient ma dépression. Depuis mon accident on me droguait avec toutes sortes d'antidépresseurs, d'anxiolytiques, d'antidouleurs. Je changeais de médicaments sans le savoir, suivant les hôpitaux, les centres de rééducation, les médecins, au gré des différents protocoles que ceux-ci décidaient d'appliquer. Je concevais que des patients atteints brutalement comme moi d'une paraplégie aient besoin d'aide psychologique, mais le corps médical avait pris l'habitude de généraliser et de ne pas traiter au cas par cas.

Après l'arrêt total de ces médicaments, je retrouvais peu à peu tout mon cerveau, ma concentration, j'arrivais de nouveau à communiquer normalement sans avoir à chercher mes mots toutes les secondes, et je ne me sentais plus du tout comme une loque et dans un état second. Je me retrouvais enfin, il n'y avait que les douleurs qui persistaient et mon corps était toujours lourd à porter. Je reprenais confiance en moi, j'arrivais de nouveau à traiter des papiers administratifs, je retrouvais peu à peu une vie sociale. Les jours passaient et tout s'inversait, je ne supportais plus les hôpitaux, les centres de rééducation et les invalides, et je glissais petit à petit dans le monde des valides, je me mettais à les supporter, j'aimais les entendre rire, je voulais passer des moments avec eux à discuter.

J'abandonnai donc définitivement les centres de rééducation et je décidai de continuer ma rééducation et ma reconstruction à ma manière, chez moi, avec un kiné à domicile.

J'investissais dans du matériel de kiné, un Motomed, un fauteuil verticalisateur et quelques accessoires nécessaires pour renforcer musculairement le haut de mon corps. Le kinésithérapeute me servirait uniquement pour les massages après mes exercices physiques.

Je reçus le matériel et je réaménageai la pièce où je dormais, en la transformant en salle de rééducation physique. Le Motomed était mon plus gros investissement, c'était un vélo d'appartement pour paraplégiques et tétraplégiques. L'appareil était composé de deux pédaliers, un à la hauteur des pieds et l'autre à la hauteur des mains. Il fallait choisir la partie du corps que l'on désirait travailler. Lorsque je voulais mobiliser mes jambes, je fixais mes pieds sur le pédalier prévu à cet effet et un moteur électrique les entraînait. Cette image, lorsque vous vous retrouvez en train de pédaler alors que vous êtes paraplégique et que vous ne pouvez plus contrôler la motricité de vos membres inférieurs, est géniale, ça vous redonne de la force, et je me disais qu'un jour le moteur qui m'aidait à mouliner ne serait plus nécessaire. C'était un très bon exercice pour les articulations des genoux, des hanches et des chevilles, pour la circulation du sang, pour éviter les phlébites et retrouver une bonne tension artérielle. La vitesse de rotation était réglable. Pour la partie haute de mon corps, le Motomed était indispensable également. Je pédalais avec mes bras sans assistance moteur, et j'avais l'option de durcir le mouvement en activant un frein programmable, plus ou moins dur. Cet exercice me permettait de récupérer très vite, au niveau des biceps, triceps, épaules et dorsaux. Je travaillais également beaucoup le cardiaque, en allongeant progressivement les sessions de pédalage.

Le fauteuil verticalisateur était efficace aussi, et je récupérais petit à petit une bonne tension et une bonne circulation sanguine, ce qui me permettait d'éviter de porter tous les jours les bas de contention.

Les autres exercices se faisaient avec une barre de torsion, un élastique, des haltères, qui servaient tous à me renforcer musculairement.

Je sollicitais énormément mes épaules et mes bras, à longueur de journée ils étaient employés pour soulever mon corps, qui était paralysé de mes pieds jusqu'en dessous de mes épaules. Ma vie désormais se passait tout en haut, il me restait ma tête, mes bras et mes épaules, et je me devais de les respecter, de les entretenir le plus longtemps possible, tout en les exploitant deux fois plus qu'avant, pour exister, pour pouvoir de nouveau me mesurer aux gens valides. Je me devais de leur montrer que Manu était un guerrier et qu'il n'allait plus rien lâcher. J'étais rentré dans une spirale où j'avais repris confiance, et je retrouvais mon caractère d'avant, en n'ayant besoin de personne pour exister et vivre. J'étais structuré et de nouveau organisé, je pouvais désormais avancer seul et progresser seul. Une bataille était gagnée, j'avais vaincu la dépression.

Lors de mes rendez-vous mensuels chez la psy, je lui faisais croire que tout allait bien grâce au traitement que je prenais assidûment, alors qu'en réalité je le balançais à la poubelle. Je finis par lui dire un jour que je n'avais plus besoin de la voir et que son établissement, lorsque je venais en consultation, me débectait.

Je pensais à ma petite Hélène, qui peut-être avait disparu à cause de crétins de psychiatres qui lui avaient prescrit des médocs à gogo, sans se demander si d'autres solutions n'étaient pas plus envisageables. J'espérais que non, qu'elle ne fonctionnait pas comme moi, qu'elle en avait vraiment besoin, mais que malheureusement ça n'avait pas suffi.

Un matin, après ma toilette, l'infirmière m'annonça une super nouvelle, mon escarre s'était enfin totalement refermée, après quinze mois de galère. J'étais content, une autre étape était franchie et j'avais évité, malgré tous les obstacles et les maltraitances, la greffe.

Je m'étais habitué à mon incontinence et le grand ponte, le professeur en urologie qui m'avait snobé et laissé entre les mains d'une interne incompétente pour mes examens, n'était pas près de me revoir.

Il pouvait garder son botox de merde, qui aurait servi à figer ma vessie et faire cesser les fuites, pour d'autres patients qui se pissaient dessus, mais pour moi, c'était terminé, je baroudais seul avec ma force guerrière retrouvée. Je n'allais pas laisser à cet homme la jouissance de gagner un centime sur mon dos. Il m'avait abandonné comme un chien en me laissant me pisser dessus.

Ma philosophie changeait, et être devenu incontinent était pour moi un luxe. J'avais découvert le Penilex avec sa poche urinaire. Je n'étais plus stressé par les heures des sondages, car je ne me sondais plus. J'avais inventé un système à ma façon, en positionnant ma poche sur le genou, enfouie dans le jean, et discrètement je tâtais la poche pour vérifier son contenu et la vider si besoin. J'avais en quelque sorte un WC ambulant, que je transportais et vidais à ma guise. C'était vraiment beaucoup moins contraignant, et lors de mes déplacements je n'avais plus à prévoir tout le matériel de sondage nécessaire, ni à trouver des lieux à l'écart du public. Je me sentais plus libre, et les nuits je n'étais plus réveillé par le réveil, mais uniquement par mes douleurs neurologiques.

Ma tante, Marie-Hélène, m'informa que la date du procès venait de tomber, et qu'il nous restait un mois pour finaliser mon dossier et rassembler toutes les pièces nécessaires pour le compléter.

Lorsque j'étais rentré à mon domicile, ma tante avait envoyé en vain des courriers à l'inspecteur régleur corporel de chez AXA, pour lui demander par anticipation des approvisionnements, afin de m'aider financièrement pour effectuer certains travaux d'aménagement, qui me permettraient de vivre plus dignement et de rendre ma maison plus accessible. Je ne pouvais même pas sortir seul dans mon jardin, car une marche m'en empêchait. Je souhaitais au plus vite quitter la salle de jeux du rez-de-chaussée où j'avais installé ma chambre, ne pouvant pas monter l'escalier, pour rejoindre ma vraie chambre au deuxième étage, ou celle de ma fille au premier, pour pouvoir lui souhaiter, comme tous les papas, une bonne nuit dans son lit avant qu'elle ne s'endorme. Il était possible d'installer sur l'escalier une chaise montante de type Stannah, afin que je puisse, provisoirement, atteindre les étages mais cela coûtait très cher. En attendant de toucher les premiers approvisionnements, je devais également continuer à me laver au gant et je rêvais d'une douche, mais ce n'était pas possible, car je ne pouvais pas rentrer dans la baignoire du rez-de-chaussée. L'inspecteur AXA se fichait éperdument de mes problèmes et s'était mis en mode éteint, il ne prenait même pas la peine de répondre aux courriers de ma tante.

Le jour du procès arriva, c'était le 3 juin 2014, et j'allais découvrir pour la première fois le visage de la personne qui m'avait enlevé ma belle vie pour m'envoyer en enfer. C'était un homme, et il n'avait jamais eu la décence de prendre la moindre nouvelle de ma santé ni de mon évolution.

Je pris place aux côtés de Caroline et de ma tante, qui s'était transformée avec sa robe d'avocate, dans la 6e chambre du tribunal correctionnel de Toulouse, en attendant mon tour. Je découvrais enfin le visage de mon assassin. Il était décontracté, et n'avait pas l'attitude qu'un mis en cause devrait avoir peu de temps avant son jugement. Je le sentais très irresponsable, comme beaucoup de délinquants de la route que j'avais pu arrêter en exerçant mon métier de motard.

Mon tour arriva, et le procureur demanda au mis en cause, après avoir relaté les circonstances de l'accident, de s'expliquer.

Toujours en toute décontraction, le mis en cause expliqua à la cour qu'il ne m'avait pas vu à cause d'un véhicule stationné et qu'il s'était arrêté au cédez-le-passage. Il expliqua que j'avais dû arriver trop vite et que ce carrefour était infranchissable. Le procureur le reprit, en lui demandant d'être plus précis. Il expliqua que pour franchir en toute sécurité ce carrefour, il aurait fallu mettre le frein à main, descendre de son véhicule pour vérifier que la voie était libre, puis remonter pour passer.

Le procureur, désabusé par ses propos, le reprit et lui expliqua que si c'était selon lui la seule solution pour passer ce carrefour en toute sécurité, il aurait dû effectuer ces gestes, afin de ne pas mettre en danger la vie d'autrui. Il termina en l'informant que l'on ne passait pas des carrefours comme on jouait à la roulette russe.

Ma tante prit ensuite à son tour la parole, en appuyant les propos du procureur et elle démontra que le mis en cause mentait dans ses déclarations. Il ne s'était jamais arrêté. C'était évident, au vu de l'endroit du choc et à celui de l'arrêt de son véhicule. Il s'était vraiment arrêté trop loin après le cédez-le-passage et il était donc forcément lancé au moment du choc, sans s'être jamais arrêté.

Elle aborda ensuite un autre sujet très important pour l'évolution de ma nouvelle vie. J'avais engagé pas mal de frais pour les différents achats induits par mon handicap, et elle demandait des approvisionnements de la part d'AXA, ce qu'elle avait déjà fait auparavant par courrier mais sans jamais obtenir de réponse, par exemple pour financer la réalisation de certains travaux à mon domicile afin que je puisse vivre plus décemment.

Le rapport de l'expertise à l'amiable n'ayant pas abordé certains sujets, ou ne nous donnant pas du tout satisfaction sur d'autres, ma tante demanda aussi une expertise complémentaire, mais judiciaire cette fois, pour espérer obtenir des réponses cohérentes et proportionnelles à mon handicap.

En effet, le médecin-chef de mon dernier centre de rééducation avait stipulé que mon état nécessitait un certain nombre d'heures d'assistance par une tierce personne, et AXA ne m'en octroyait qu'un nombre bien inférieur. De la même façon, concernant l'aménagement de ma maison, alors que j'étais encore dans l'appartement de Saint-Géniès-Bellevue, que j'avais loué à ma sortie prématurée du centre de rééducation de Bordeaux, AXA avait mandaté un architecte parisien, qui était venu à la maison d'Aussonne estimer les aménagements nécessaires à ma nouvelle situation. Mais nous nous étions aperçus, en lisant son rapport, que les travaux proposés n'étaient pas du tout suffisants pour que je puisse évoluer convenablement. Nous avions tenté une procédure à l'amiable, mais visiblement ça n'avait pas suffi.

La présidente du tribunal me demanda ensuite de prendre la parole si je le souhaitais, afin d'expliquer à la cour l'enfer quotidien qu'était ma nouvelle vie, en décrivant le déroulement d'une journée. J'acceptai, et je relatai mon quotidien en fixant du regard le prévenu, pour bien lui faire comprendre dans quelle vie il m'avait fait plonger. J'expliquai que ma journée commençait par le réveil, à huit heures, par l'infirmière qui venait pour les soins et pour changer le pansement de l'escarre, je racontai le doigt dans le derrière pour extraire le repas de la veille car j'avais perdu toute ma sensibilité et tout contrôle de mon appareil digestif, j'expliquai la toilette intégrale au lit au moyen d'un gant et d'une bassine, car rien chez moi n'était adapté. J'expliquai que jusqu'à récemment je devais me sonder toutes les quatre heures, de jour comme de nuit, et que depuis quelque temps ça s'était aggravé, que j'étais devenu incontinent et que tous les matins, après le nettoyage de mes parties génitales, je devais placer sur ma verge un Pénilex, un accessoire qui ressemblait à un préservatif, relié à un tuyau qui permettait d'évacuer l'urine dans une poche prévue à cet effet. Je racontai que l'infirmière m'aidait ensuite à m'habiller, toujours au lit, et qu'enfin je me transférais dans mon fauteuil. J'expliquai que lorsque l'infirmière partait enfin, je terminais ma toilette dans mon fauteuil, en me lavant le visage avec un gant de toilette, au-dessus d'un petit évier qui se trouvait dans la buanderie, car je ne pouvais même pas accéder à ma salle de bains, située au même étage que ma chambre. Il me fallait au minimum une heure pour la toilette et les soins, et j'arrivais parfois à embrasser de temps en temps Charlotte avant qu'elle ne parte à l'école, quand je n'avais pas trop pris de retard et qu'elle me croisait à la buanderie, où elle venait mettre ses chaussures avant de partir pour l'école avec sa mère. Je racontais que Caroline revenait ensuite à la maison avant de partir travailler, pour me préparer le petit-déjeuner, puis que j'enchaînais avec des exercices de kiné et que ma mère, qui vivait toujours avec nous, restait avec moi pour m'aider à attraper tous les objets inaccessibles. Avec Caroline, elles étaient mes nouveaux bras, car tout me paraissait inaccessible. J'enchaînai en racontant qu'ensuite elle me préparait à manger car il était midi, puis qu'après le déjeuner je partais m'allonger car je me fatiguais très vite physiquement. En milieu d'après-midi, j'essayais d'occuper mon cerveau pour éviter les idées noires et je regardais la télé ou je surfais sur internet. Le soir, j'essayais de profiter un maximum de ma famille et je me raccrochais à Charlotte pour tenir psychologiquement et essayer de donner un sens à ma vie, mais ce n'était plus comme avant, je n'arrivais pas à assumer mon rôle de père, j'étais très faible et Charlotte était ailleurs, elle m'ignorait souvent. Après le repas du soir, les douleurs neurologiques s'accentuaient et la fatigue avec, il me fallait me coucher tôt. Les nuits étaient douloureuses et longues, car je ne dormais pas beaucoup.

J'expliquai ce qu'était devenue ma vie, qu'avant l'accident j'étais un homme d'extérieur, très physique et hyperactif, que je ne supportais pas de rester enfermé toute une journée, et que je me retrouvais aujourd'hui, à cause de l'imprudence d'un seul homme, dans une situation très difficile à vivre voire invivable, enfermé dans ma maison, mais que je devais me battre pour ma fille, ma famille et mes amis.

Je terminai ma plaidoirie en expliquant que j'avais perdu une grande partie de moi-même, que je n'étais plus le même, que toute ma personnalité et mon physique avaient été détruits, et qu'à l'heure où je leur parlais, j'étais peut-être en train de m'uriner dessus. C'était d'ailleurs le cas, ce jour-là le Penilex s'était débranché, et j'étais, sous les yeux de tous, en train d'inonder le parquet.

La présidente reprit la parole, avant de la laisser une dernière fois à l'avocat de la partie adverse. Je sentais que j'avais ému toute la salle.

L'avocat d'AXA, très professionnel, ne montra aucun sentiment à mon égard et présenta à la magistrature les résultats d'une série de crash-tests que l'assurance avait fait réaliser en douce, afin d'essayer de m'imputer une part de responsabilité dans l'accident. Il voulait à tout prix prouver que je roulais trop vite et que son client n'avait pas eu le temps de me voir arriver. Il remettait en cause les conclusions de l'expert en accidentologie qui avait été nommé par la cour d'appel de Toulouse. Pour lui, au vu de ces crash- tests, je roulais à plus de 90km/h, alors que l'expert de la cour d'appel avait évalué dans son rapport une vitesse qui se situait entre 57 et 62 km/h.

Le procureur leur expliqua qu'il avait assisté il y a quelque temps, en Pologne, à une démonstration avec une série de sept crash-tests pour le même accident, qui avaient donné sept résultats différents, et qu'ils n'étaient donc pas fiables, et que de toute façon l'accident de M. Siaux était unique, comme chaque accident, et resterait unique.

Le verdict tomba enfin, et le mis en cause fut reconnu totalement responsable. Il fut condamné à 500 euros d'amende et deux mois de prison avec sursis, mais aucune suspension du permis de conduire, et aucun retrait de points.

Caroline était très choquée par le verdict, mais étant du métier, je savais d'avance qu'il ne prendrait pas davantage lors de son procès au pénal, que ce n'était qu'une histoire d'assurances, et que donc tout allait se jouer au civil.

Nous quittâmes le tribunal, persuadés qu'AXA n'allait rien lâcher et allait faire appel. Ils se comportaient vraiment comme des requins, et je repensais aux crash-tests qu'ils avaient fait faire et qui avaient dû leur coûter des milliers d'euros, en me disant que pendant ce temps ils ne m'avaient même pas versé un minimum d'approvisionnement pour que je puisse à nouveau prendre une douche ou monter dans ma chambre et celle de Charlotte. Ils étaient tout simplement ignobles et se comportaient de façon scandaleuse. J'étais vraiment remonté, ainsi que ma tante, et ça ne faisait que redoubler notre envie de nous battre.

Les jours suivants, ma tante reçut les conclusions du tribunal, qui imposait à AXA de me verser des approvisionnements. Le conducteur mis en cause ne faisait pas appel et acceptait sa responsabilité, par contre nous avions vu juste avec ma tante : AXA faisait appel, pour essayer à nouveau de m'imputer une responsabilité dans l'accident. Le tribunal demandait également une expertise judiciaire, qui serait neutre cette fois et me permettrait d'obtenir des indemnisations plus conséquentes pour mes divers préjudices.

Je reçus enfin un versement sur mon compte, et je contactai rapidement un artisan, pour installer une chaise sur rails qui me permettrait de monter aux étages. Mon territoire allait enfin s'agrandir, et j'espérais pouvoir retrouver une vie normale. Je remplaçai certains meubles, trop encombrants, par d'autres qui prenaient moins de place, afin de faciliter mes mouvements avec mon fauteuil dans toutes les pièces.

Je repris petit à petit le bricolage, et je me fabriquai des rampes d'accès pour le jardin. J'allais enfin pouvoir regagner ma chambre aux côtés de Caro, mais il fallait que je change le lit, qui n'était pas adapté à mon handicap.

Tous ces changements avaient été bénéfiques pour mon moral, et j'avançais tout doucement, je me sentais mieux, je retrouvais ma chambre, celle de Chacha, j'avais accès au jardin, où je passais des heures à m'oxygéner.

Mais Charlotte était jalouse et ne supportait pas que sa mère s'occupe de moi. J'étais le papa étranger, qui avait déserté et qui était revenu brutalement en s'imposant. Je comprenais qu'elle soit perturbée et que je doive progressivement me réintroduire dans sa vie, en reprenant un vrai rôle de père. Tout était mélangé dans sa tête, elle avait l'impression que j'étais une personne quelconque, qui venait lui prendre sa maman. Caroline l'amenait donc régulièrement chez le pédopsychiatre pour essayer de rétablir notre vie de famille.

Un matin, je me rendis à la convocation pour l'expertise judiciaire à l'hôpital Rangueil, en présence de mon médecin-expert, de l'expert d'AXA et de l'expert judiciaire neutre nommé par la cour d'appel de Toulouse, qui était désormais chargé de diriger l'expertise pour mon dossier médical et le procès.

Les problèmes que je soulevais avec mon avocat concernaient en particulier l'insuffisance du nombre d'heures qui m'étaient attribuées par AXA pour l'aide « tierce personne », et les aménagements inadmissibles qu'ils proposaient pour mon logement.

L'expert judiciaire reprit la première expertise à l'amiable, et au vu des différents documents présents dans le dossier, il ne put que constater que le nombre d'heures proposées par AXA était bien inférieur à celui requis par mon handicap et ma situation, mais aussi demandé dans tous les écrits du dernier centre de rééducation, qui stipulaient en détail le nombre d'heures d'aide à la personne nécessaires pour que je puisse évoluer dignement dans ma nouvelle vie de paraplégique complet.

J'informais également l'expert que j'allais engager un ergothérapeute rapidement, afin qu'il décrive en détail tous les aménagements qu'il faudrait faire à mon domicile pour que je puisse accéder à toutes les pièces, comme avant l'accident. Sur ce point, le rapport de l'architecte choisi par AXA était incomplet et incohérent, un vrai rapport bâclé.

Je comprenais maintenant que mon avocat avait eu un mal fou à se le procurer et avait adressé plusieurs courriers à l'avocat de la partie adversaire mais en vain. Nous avions pu le récupérer au titre de réclamation pour « pièce non fournie à la première comparution devant la cour ».

Les préconisations de l'architecte d'AXA commençaient par la demande du retrait d'une barrière communale sur le trottoir, qui me gênait lorsque je me transférais de mon véhicule à mon fauteuil roulant sur la place de stationnement handicapé située à proximité de mon domicile. Afin d'éviter que je me transfère en pleine voie, la seule solution qu'il proposait était de me faire stationner en sens inverse de la circulation, pour que je puisse tranquillement débarquer côté trottoir et non côté voie de circulation. Première grosse erreur, mais malheureusement je n'étais pas présent lors de cette expertise car je me serais permis de lui rappeler que le stationnement en sens inverse d'une voie de circulation est interdit par le Code de la route. À chacun son métier, et on était en train de tomber dans l'absurdité.

Ce qui suivait me sidéra. Il proposait d'agrandir le seuil de la porte d'entrée de la maison, alors qu'il était tout à fait assez grand pour que je passe facilement avec mon fauteuil. Il voulait également mettre du mortier sur le carrelage de l'entrée afin de réaliser une légère pente, car la porte d'entrée avait une petite marche, marche que j'ai toujours franchie sans problème avec le fauteuil. Il voulait aussi élargir les portes intérieures, alors qu'elles étaient très larges, la maison étant ancienne, et que ce n'était donc absolument pas nécessaire. Pour l'accès aux étages, il proposait de condamner trois pièces de la maison, la salle à manger au rez-de-chaussée, une chambre au premier étage et une au deuxième étage, pour faire installer un élévateur (et non pas un ascenseur, qui aurait été bien plus adapté) qui arriverait directement dans la chambre. Je ne sais pas où cet architecte avait obtenu son diplôme, mais on touchait le fond. Il ne s'était même pas aperçu que dans la chambre l'élévateur arriverait en plein milieu de la fenêtre et qu'il supprimait deux pièces de ma maison ! Peut-être que pour lui c'était normal de supprimer autant d'espace de vie et de vivre dans une chambre sans fenêtre.

Sa dernière recommandation préconisait « d'arranger » la salle de bain du deuxième étage, à côté de la chambre, notamment au niveau de la douche pour l'accès du fauteuil-douche et de l'accès aux toilettes. Le mot « arranger » me dérangeait car je le trouvais un peu léger. Pour être un minimum aux normes, il aurait fallu casser la douche actuelle et la remplacer par une douche à l'italienne, avec une chape légère car nous nous trouvions sur du plancher. Cet architecte avait eu de la chance de ne pas me croiser sur son chemin le jour où il avait remis son expertise...

Quant au reste de la maison, apparemment il lui avait échappé, sûrement sous la pression d'AXA, afin de prévoir le moins possible de travaux, par peur de devoir verser de trop grosses indemnisations.

Je n'étais pas architecte, mais je connaissais très bien le domaine des travaux dans une maison, et j'avais une très bonne faculté à me projeter dans l'espace pour trouver des solutions, bien meilleures que celles de ce crétin d'architecte.

Concernant le monte-personne par exemple : un élévateur est toujours doté d'une porte qui s'ouvre vers l'extérieur et donc qui encombre, tandis qu'un ascenseur possède des portes qui s'ouvrent en accordéon et disparaissent dans la double cloison, donc cela est plus fonctionnel et moins encombrant dans une maison. L'architecte ne s'était pas non plus creusé la tête pour l'emplacement de l'élévateur, et il avait supprimé deux pièces de la maison plus la fenêtre de la chambre, alors qu'il aurait pu installer l'élévateur sur la colonne des toilettes, que l'on aurait pu déplacer sans problème, en la repositionnant dans chaque salle de bain.

Quant au reste, il s'en foutait apparemment, il ne savait pas que tout ce que je faisais chez moi quand j'étais valide, je devais normalement pouvoir le reproduire invalide, avec des aménagements judicieux.

J'avais un jardin qui était devenu inaccessible, une piscine inaccessible, une cuisine non fonctionnelle car je n'accédais à rien, une cave inaccessible dans laquelle se trouvaient mon établi et mes outils, des volets que je ne pouvais plus fermer seul, une entrée côté jardin inaccessible...

Voilà, vous comprenez maintenant pourquoi il m'était indispensable de faire appel à un vrai professionnel, un ergothérapeute, qui allait élaborer une expertise correspondant à mes besoins réels, en proposant les meilleurs aménagements possibles, afin que je puisse essayer de retrouver un équilibre et le goût à la vie, en supprimant autant que possible les obstacles.

Me concernant, les appels téléphoniques et les visites se faisaient de plus en plus rares, seulement quelques amis et certains collègues prenaient encore régulièrement de mes nouvelles. Avec mes problèmes, je découvrais mes vrais amis, et je m'apercevais que beaucoup de gens que je fréquentais avant l'accident n'étaient en fait que des relations, souvent par intérêt, aujourd'hui je ne valais plus la peine d'être fréquenté, j'étais devenu un infirme qui ne servait plus à rien.

J'allais leur montrer quel monsieur j'étais, et dès mon retour sur la place, je réglerai mes comptes. Pour l'instant je n'étais pas prêt, mais mon rendez-vous était fixé, il fallait que je prenne le temps de me reconstruire.

À cette période, je reçus un courrier du cabinet du ministre de l'Intérieur qui m'invitait aux cérémonies et au défilé du 14 juillet à Paris. Le ministère de l'Intérieur était reconnaissant, et n'oubliait jamais ses blessés en service. Il suivait de près mon dossier médical. Le directeur général de la Police Nationale, M. Baland, était très humain. Je l'avais eu au téléphone très régulièrement pendant mon parcours à travers les hôpitaux et les centres de rééducation. Il était très attentif et sensible à mon évolution et m'encourageait à chaque fois que je l'avais au téléphone, en me disant de tenir bon. J'appréciais ses encouragements. Il me parlait déjà de ma reconversion professionnelle et m'informait qu'il y aurait toujours une possibilité de me trouver un poste dans la Police Nationale, car la police ne laissait jamais tomber ses bons éléments. Je savais que je ne pourrais plus évoluer en tant que policier sur la voie publique et j'espérais me retrouver dans un poste de formateur, je voulais enseigner et apporter mon expérience aux futurs policiers, comme je le faisais déjà dans la branche compétition avec mon rôle de team manager.

En parallèle, le ministère de l'Intérieur, avait été présent et l'était toujours, pour financer toutes mes interventions chirurgicales, mon matériel médical, mon fauteuil roulant, l'équipement de mon véhicule, les différentes expertises médicales et judiciaires. L'État était responsable de moi, car j'avais eu l'accident en service et l'État étant son propre assureur, il se devait d'aider et de dédommager les fonctionnaires qui le représentaient. Il m'accorda, après étude de mon dossier médical, le financement d'une tierce personne à domicile, ce qui soulagerait le foyer au quotidien, en attendant la décision finale du procès engagé contre AXA. Bien entendu, le ministère me faisait des avances financières et comptait bien se faire rembourser un jour, lui aussi, tous les frais qui avaient été versés et engagés depuis mon accident. Ma tante était régulièrement en contact avec l'avocat qui représentait le ministère de l'Intérieur, qui suivait lui aussi la procédure de près.

Je trouvai rapidement une ergothérapeute et je lui envoyai par mail mon dossier médical, décrivant toutes mes séquelles, ainsi que le rapport de l'architecte d'AXA. Quelques jours plus tard elle m'appela, furieuse du rapport bâclé de l'architecte de l'assurance, et elle m'informa qu'elle était très intéressée par mon dossier et qu'il ne fallait pas perdre de temps. J'allais devoir la rencontrer au plus vite, pour commencer le travail, afin d'être prêts et de rendre un compte-rendu complet le jour de l'expertise judiciaire.

En parallèle, je me préparai car nous étions à deux jours de partir, avec Caroline, pour les célébrations du 14 juillet et nous allions assister au plus beau défilé militaire du monde, sur la plus belle avenue du monde.

Le jour J, j'embarquai pour la première fois dans un avion en fauteuil roulant. L'avantage quand vous êtes invalide, c'est que dès l'arrivée à l'aéroport, vous êtes pris en charge. Vous êtes installé dans une salle d'attente spéciale, et un employé de la compagnie aérienne vient vous chercher en vous accompagnant jusqu'à la passerelle d'embarquement. Devant la porte de l'avion, je quittai mon fauteuil roulant en me transférant sur un fauteuil plus étroit, prévu pour passer dans le couloir de l'avion, afin d'atteindre mon siège. Ce serait désormais la procédure habituelle, pour chaque voyage que je voudrais effectuer en avion.

Lorsque j'arrivai à Paris-Orly, une voiture du ministère de l'Intérieur m'attendait, pour me conduire à l'hôtel, dans le 12e arrondissement. Le soir nous fîmes un dîner-croisière sur un bateau-mouche, où je retrouvai tous les collègues qui avaient été conviés par le ministère pour cet événement. Nous étions une vingtaine de fonctionnaires blessés en service, mais après avoir passé en revue tout le monde, c'était moi qui détenais la palme du plus amoché. D'ailleurs j'étais le seul à avoir une voiture avec chauffeur, les autres, malgré leurs blessures, étaient encore des bipèdes et pouvaient monter dans le bus, non accessible pour moi. Nous embarquions sur le bateau avec quelques hauts fonctionnaires, ainsi que le tout nouveau directeur général de la Police Nationale M. Falcone. J'étais un peu déçu de ne pas pouvoir rencontrer M. Baland, qui m'avait tant encouragé pendant mes longs mois d'hospitalisation et de rééducation. Pendant notre promenade sur la Seine, nous eûmes droit à un bon repas, accompagné des remises de médaille. Ce fut une très belle soirée, très émouvante, de plus je retrouvais Paris, la ville où j'avais débuté ma carrière. J'aurais préféré la retrouver dans d'autres conditions.

Le lendemain matin, ma limousine m'attendait, cette fois-ci accompagnée de deux motards, que je connaissais bien – c'étaient d'anciens collègues – et qui allaient m'escorter jusqu'aux Champs-Élysées, afin que je prenne place dans la tribune d'honneur du ministère de l'Intérieur pour assister au défilé.

Les deux motocyclistes avaient longtemps travaillé à Paris avec moi et je les sentais très gênés de me retrouver, des années après, dans un fauteuil. Ils ne savaient trop quoi me dire et ils ne s'attardaient pas comme auparavant quand on entamait une discussion. Je trouvais ça très drôle, de me retrouver dans une limousine escorté par deux motards. Habituellement j'étais à leur place, mais malheureusement ce n'était pas parce que j'étais devenu ministre, mais infirme. J'aurais préféré un autre déroulement de carrière. Peut-être qu'un jour je porterai la double-casquette, infirme et ministre, je serais devenu le ministre des Handicapés.

J'assistai au merveilleux défilé, à l'issue duquel tous les fonctionnaires blessés furent conviés place Beauvau, en présence du ministre de l'intérieur, M. Cazeneuve, pour un cocktail.

Nous fûmes reçus chacun à notre tour par le ministre, et quand ce fut mon tour, il m'apporta tous ses encouragements et son soutien, notamment pour ma reconversion professionnelle. Il me précisa que si je rencontrais le moindre obstacle pour ma reprise professionnelle, il se chargerait de régler le problème en personne. J'appréciais énormément ses propos, et dans les souffrances où j'étais retranché, les paroles de mon grand patron me réconfortèrent, me motivèrent, confirmant que la Police Nationale était une grande famille, qui ne laissait jamais tomber ses soldats.

Je repartis de la capitale ému, soulagé, avec des souvenirs inoubliables.

La vie reprenait, et il me fallait persister dans la rééducation et continuer d'apporter des éléments nouveaux à mon dossier en vue du procès.

Je reçus à la maison l'ergothérapeute, qui avait déjà bien étudié mon dossier médical et qui s'était rendu compte de tous ce qui allait être nécessaire dans ma nouvelle vie. Elle m'expliqua que son rôle était de définir les aménagements de mon domicile, les besoins en matériel médical, l'aménagement de mon véhicule, et tous les autres besoins en aide technique. Je le savais, et j'insistais surtout pour qu'elle se focalise sur les aménagements de mon domicile et que l'on trouve ensemble les plus cohérents et fonctionnels.

Je lui soumis rapidement mes idées d'emplacements pour l'ascenseur, qu'elle trouva beaucoup plus judicieuses que celles de l'architecte d'AXA. Nous étions vraiment sur la même longueur d'onde, elle était très professionnelle et rapidement nous validions ensemble les meilleurs choix, afin qu'elle constitue au plus vite un dossier d'expertise, que nous devions rendre au médecin-expert judiciaire dans les plus brefs délais.

On était maintenant en plein été et il me fallait changer d'air. Une forte chaleur régnait à Toulouse, et j'étais le premier touché. Mon corps ne supportait plus la canicule, ma blessure médullaire était haute dans ma colonne vertébrale, à la limite des cervicales, et d'après les dires des neurologues, j'avais tapé en plein sur le thermostat du corps humain. Mon corps ne régulait plus sa température, il m'arrivait d'avoir froid quand il faisait très chaud, et chaud quand il faisait très froid. En principe, je me plaignais plutôt d'avoir très froid, et je devais m'adapter à mes nouveaux symptômes. Je portais régulièrement un foulard ou une écharpe, et dans les pires moments de frissons, un bonnet. Le paraplégique ne transpirant plus, je pouvais rester au soleil des heures et aucune goutte de sueur ne pointait à l'horizon. C'était pratique, je ne sentais jamais la transpiration, mais mon corps montait plus vite en température, et ma tension en prenait un coup. J'avais également beaucoup de mal à respirer avec la chaleur. Je subissais tout simplement les mêmes contraintes qu'une personne âgée. Je venais de prendre quarante ans dans la gueule.

Je partais quelques jours en vacances avec Caro et Charlotte, chez les amis qui m'avaient gentiment invité lors d'un week-end quand j'étais au centre de rééducation de Bordeaux afin de passer de nouveau quelques jours dans leur villa d'été au Pyla. C'était pour moi une joie, leur maison se trouvait en bordure du bassin d'Arcachon et auparavant, lorsque je passais des étés chez eux, j'adorais cet endroit, je restais des heures sur la terrasse, à contempler l'océan. Je savais que là-bas, le temps passerait plus vite, et que ce lieu me permettrait de m'évader un peu de cette vie si compliquée.

Pendant le séjour, l'air marin me permettait de supporter la chaleur mais je me battais en permanence avec les souvenirs du passé, qui ressurgissaient. C'était inévitable, j'avais vécu tellement de bons moments au Pyla que ma mémoire me rappelait.

Mon périmètre avait changé, il avait fortement diminué, mais il restait unique, avec cette vue imprenable. J'étais triste de ne plus pouvoir accéder au jardin, qui était en pente et qui amenait directement à la plage. Je me contentais de regarder, depuis la terrasse, ma fille qui s'amusait sur la plage avec les enfants de mes amis. À ce moment-là, vous êtes confronté à des obstacles insupportables. Vous vous dites que vous ne pourrez plus jamais accéder comme avant à la plage, profiter d'une baignade sans complication et sans aide.

Le plus frustrant était de ne plus pouvoir assumer le rôle protecteur du père, et de ne plus pouvoir accompagner son enfant dans les divers loisirs. Je me retrouvais comme un con, je me sentais vraiment comme une merde, inutile, seul, à l'écart, mais je me devais de cacher à mon entourage, comme d'habitude, mon désarroi et ma tristesse, en leur balançant des sourires.

Cette vie ne me correspondait pas, mais il me fallait pourtant l'assumer et essayer d'y habituer mon cerveau, en lui laissant le temps de se métamorphoser et d'accepter.

L'été touchait à sa fin et on rentrait dans une saison agréable et plus supportable pour moi. La température de l'automne me permettait de mettre un peu plus le nez dehors.

Je recevais pas mal d'invitations d'amis, pour des repas chez eux ou en ville, dans des pubs et restaurants. Ces invitations, malheureusement, m'embarrassaient et m'étaient pénibles. Ça me faisait plaisir de les recevoir, mais comment expliquer à mes amis que je ne pouvais pas savoir à l'avance si je pourrais les honorer ou pas. La réponse ne pouvait se faire que le jour même, car ma santé était toujours très instable, et allait le rester sûrement toute ma vie. Les douleurs neurologiques redoublaient régulièrement, et il m'était très difficile de les supporter en présence de monde et de bruit. Dans ce cas, je devais au contraire m'isoler et les subir, en attendant qu'elles passent.

Quelquefois, lors de sorties je me retrouvais face à elles et je cachais ma souffrance pour ne pas gâcher les soirées. C'était des moments très éprouvants, et lorsque je rentrais chez moi, je me relâchais, j'avais fourni tellement d'efforts pour rester discret que j'étais vidé et décomposé, au bord du chaos.

Mes amis ne se rendaient pas compte de toutes les contraintes et de l'organisation qu'il fallait mettre en place pour mes sorties. Pour eux je ne marchais plus, c'était tout, ils étaient loin de s'imaginer que ne plus marcher n'était absolument pas le plus gros problème. Le plus gros problème était bien entendu la face cachée du quotidien.

Je rencontrais souvent des problèmes d'accessibilité dans les restaurants, car les amis qui réservaient ne se posaient pas toujours la question de l'accès. Je me sentais le boulet de la soirée, à cause de qui nous devions changer de programme et trouver un autre restaurant, accessible.

Mis à part les problèmes neurologiques et l'accessibilité, une autre contrainte était celle d'espérer que le matériel urinaire que je portais tous les jours à cause de mon incontinence tiendrait bon, et que rien ne sortirait lors des repas, afin que je ne me retrouve pas inondé par mes urines ou souillé par mes excréments.

À plusieurs reprises il m'était arrivé ce genre de chose chez moi avec des invités, et je m'étais retrouvé trempé de pisse ou rempli de merde à table, mais discrètement, et avant que les odeurs nauséabondes n'envahissent toutes les narines, je m'étais éclipsé pour aller me changer.

Dans ces moments-là, vous vous sentez seul au monde, et vous vous demandez pourquoi vous existez. L'humiliation prend pleinement position et vous êtes touché de plein fouet dans votre dignité. Une haine s'installe en vous, et vous ne comprenez pas pourquoi tant d'acharnement sur vous. Le handicap ne suffit-il pas, pour encore avoir à subir un tel traitement ? Vous ne pensez qu'à disparaître et mourir, et heureusement qu'il n'y a pas d'arme à proximité dans ces moments-là.

Lorsque ces épisodes m'arrivaient, la colère et la haine redescendaient après quelques heures, et je devais accepter ces épisodes immondes et me dire que je n'étais malheureusement pas au bout de mes peines, que de prochains incidents étaient peut-être pour bientôt. Un travail cérébral se mettait en place automatiquement, et il fallait que j'essaie de trouver la force de puiser dans les ressources positives qu'il me restait.

Mon mental reprenait le dessus et je ne me rattachais qu'à une seule chose, ma Chacha, je me devais de combattre pour elle, car même diminué j'étais encore son papa, et un papa pour une petite fille, c'est très important.

Caroline était aux premières loges et assistait, désemparée, à mon quotidien. J'évitais de lui demander de l'aide, afin qu'elle subisse le moins possible les désagréments de ma nouvelle vie. Depuis que nous refaisions chambre commune, elle était obligée quelquefois de subir mes mésaventures de paraplégique. Je dormais peu, et je la réveillais souvent par les petits gémissements causés par mes douleurs affreuses la nuit. Pour les calmer, j'adoptais certaines positions, et la meilleure consistait à me plier en reposant ma tête sur mes genoux. J'étais régulièrement pris de frissons et je m'habillais parfois avant de me coucher comme si je me préparais à une sortie de ski, sans oublier l'écharpe et le bonnet. C'était très folklorique en apparence, mais intérieurement c'était très épuisant et douloureux.

J'avais obtenu un rendez-vous au centre antidouleur de l'hôpital Purpan, mais il ne m'avait rien apporté, seulement d'entendre ce que je savais déjà. Mes traitements médicamenteux prévus pour les douleurs étaient à proscrire en raison de leur inefficacité totale et des effets secondaires qu'ils entraînaient. On me conseillait de poursuivre les médecines dites « douces », comme la relaxation autogène de Schultz ou l'autohypnose, car j'avais déjà essayé le shiatsu et l'acupuncture qui n'avaient donné aucun résultat positif. D'après le centre, les médicaments, quand ils s'avéraient efficaces, pouvaient calmer un tiers maximum de la douleur, une raison de plus qui confortait mon choix de les avoir abandonnés.

Le soir j'essayais, quand je n'étais pas trop pris par la fatigue, de me mettre au lit le plus tard possible. Le lit était mon ennemi. Je savais que j'allais mettre un temps fou à m'endormir et contracter des douleurs insoutenables. C'était ma routine nocturne, même la nuit je n'étais pas épargné.

Chaque soir au moment de me coucher, je devais tout d'abord, comme chaque matin, vérifier mon ampoule rectale, et évacuer les selles si besoin. Lorsque je me couchais après Caroline, je tentais de sauter le toucher rectal afin de ne pas la réveiller et d'éteindre au plus vite la lumière, en lui évitant le spectacle SM et olfactif. La vie de paraplégique n'aidait en aucun cas ma libido, devenue très restreinte, voire inexistante, et elle se chargeait de chasser le romantisme au galop.

La libido était un gros problème. Les caresses et les câlins étaient à proscrire. Je ne les supportais plus. Rien que les frottements des draps me déclenchaient des douleurs neurologiques comme des piqûres d'orties, des fourmillements, des arcs électriques, des frissons glacials à travers tout le corps. Les rapports sexuels étaient impossibles, j'avais certes quelques érections, mais incontrôlées, et étant incontinent, je me voyais mal uriner sur Caro lors de nos rapports. Il me restait la langue pour le cunnilingus, les paraplégiques et les tétraplégiques sont de vrais experts dans ce domaine. Apparemment nous développions les sens que l'on avait négligés auparavant.

Dans ma vie de valide j'adorais faire l'amour, mais là on m'avait enlevé tous les organes et les sensations qui me permettaient de me retrouver en extase lors de l'acte, et de l'acte bien fait. Les préliminaires étaient pour moi très importants, et j'adorais me retrouver entrelacé avec le corps de ma partenaire, en sentant sa peau sur la mienne, j'aimais l'embrasser sur toutes les parties de son corps, j'aimais bouger et adopter plusieurs positions différentes lors de l'acte, il fallait que ça soit un maximum physique, avec des odeurs de peaux mélangées qui finissaient d'amener l'excitation au plus haut. Toute cette alchimie amenait à mon goût des rapports intenses et sublimes, qui me faisaient éjaculer et jouir, c'était tout simplement merveilleux, la plus belle sensation que nous ait donné la vie.

Désormais, on m'avait enlevé la virilité, j'étais devenu impuissant, seuls ma langue et mes doigts pouvaient éventuellement remplacer mon pénis. Je n'en voyais pas l'utilité, la simulation, je la laissais aux autres. Mon corps pesait deux tonnes dans le lit, et le moindre mouvement m'était pénible, désagréable et me provoquait des douleurs.

Je laissais donc ma libido de côté et j'essayais de me contenter de compenser en développant un amour cérébral. Caroline, comme beaucoup de femmes était très cérébrale en amour, et elle ne pouvait pas concevoir de prendre du plaisir sans que j'en prenne aussi, donc elle refusait que j'essaie quoi que ce soit.

J'en étais amené à lui dire que pour l'équilibre de notre couple, il fallait peut-être qu'elle envisage d'aller voir ailleurs, pour aller chercher ce que je ne pouvais plus physiquement lui amener, l'acte purement sexuel, je ne voulais pas qu'elle reste dans la frustration. Elle me répondait que le purement sexuel ne l'intéressait pas, et qu'elle ne pouvait pas consommer sans amour, elle était vraiment cérébrale. J'étais triste pour elle et pour moi, car je savais que je ne lui ferai sûrement plus jamais l'amour.

Après une lutte infernale pour trouver le sommeil, j'allais être réveillé par des douleurs intenses et devoir adopter la fameuse position pliée. Heureusement, mon lit électrique me permettait de soulever mon buste et de basculer vers l'avant, afin de me positionner en situation antidouleur.

Au petit matin, je me redressais comme je le pouvais, et enfin je prenais une position allongée, normale, supportable. Les douleurs s'apaisaient toujours un peu en fin de nuit, ce qui me permettait de souffler et de dormir une petite heure paisiblement. Mes nuits étaient un vrai calvaire, et lorsque je dormais dans d'autres lits que le mien, sur d'autres matelas, dans ma famille ou chez des amis, c'était pire encore.

Je reçus le compte-rendu d'expertise de l'ergothérapeute, très complet, et je m'empressai de l'envoyer à l'expert judiciaire afin qu'il en tire les conclusions et qu'il définisse, en toute neutralité, mes besoins.

J'avisai ma tante que j'avais envoyé cette expertise à l'expert judiciaire et elle m'informa qu'elle venait d'apprendre une mauvaise nouvelle, la série noire continuait dans la famille, on venait de lui apprendre qu'elle avait un cancer du sein. Elle était très touchée par mon accident et elle s'impliquait beaucoup auprès de moi. La belle leçon de vie qu'elle vivait à travers moi depuis plusieurs semaines la rendait plus sereine pour affronter sa maladie. Elle allait devoir suivre un protocole qui n'était toujours pas défini, et devait effectuer des examens complémentaires pour définir le stade de son cancer. Elle m'informa qu'elle était désormais en arrêt maladie, mais qu'elle continuerait à suivre mon dossier et à le défendre jusqu'au bout. Il était hors de question pour elle de le céder à un collègue, c'était trop important à ses yeux de se battre pour moi et de gagner le procès.

Les premières neiges tombaient dans le massif pyrénéen et je m'étais mis dans la tête qu'il fallait que j'essaie le fauteuil-ski, pour me surpasser et donner un sens à ma vie. Je voulais, pourquoi pas, devenir un skieur haut niveau en handisport et retrouver, comme avant, la compétition. Je contactais l'École de Ski

Français afin de trouver un moniteur spécialisé et disponible pour m'accompagner. Ce fut rapide, et je partis pour ma première séance à la station de Barèges. Je quittai donc Toulouse pour rejoindre mes terres tarbaises, où vivait Maman, et j'allais séjourner quelque temps avec elle. J'allais tester, pour commencer, mes capacités physiques, car c'était la première fois que je partais seul à bord de mon véhicule aménagé, pour un trajet de plus de deux heures.

Je retrouvais la sensation de liberté, j'étais seul dans mon véhicule et j'avançais pour une fois aussi vite que les autres, en ne rencontrant aucun obstacle.

Le trajet s'était très bien passé et j'arrivais à destination sans difficulté. Pour la première fois depuis mon accident, je revoyais la maison où j'avais grandi, et automatiquement, sans que je puisse contrôler quoi que ce soit, des images remplies de souvenirs de jeunesse se mirent à défiler dans ma tête. Il fallait que je contrôle mes émotions et que je les cache car Maman, toujours inquiète, était déjà en train de m'attendre, comme le messie, sur le perron.

Je cachais ma tristesse, car j'aurais tant aimé revenir dans ces lieux magiques qui m'avaient vu grandir, avec la même énergie et en pleine forme, debout.

La maison de ma mère était une maison de poupée et rien n'était adapté. Mon père était venu fabriquer toutes les rampes nécessaires afin que je puisse accéder à tout le rez-de-chaussée. Les chambres se trouvaient à l'étage et je squattais le salon pour dormir. Il fallait s'adapter et je savais que je ne reverrai plus jamais la chambre de mon enfance à l'étage. Cela faisait partie des choses à accepter, j'allais désormais devoir me priver de beaucoup de lieux, définitivement inaccessibles.

Je rendais visite à ma tante, qui avait pris des airs de Professeur Choron, elle avait un crâne d'œuf car elle avait débuté la chimio. Notre famille commençait à ressembler à un hall d'hôpital, il était temps que ça s'arrête. Je sentais ma tante tenir psychologiquement la route, mais je me méfiais quand même car je savais que je n'étais pas le seul à savoir bien cacher les angoisses, le stress et toutes les douleurs physiques et psychiques. L'essentiel était là, elle avait gardé toute sa tête, elle était seulement fatiguée par tous les traitements qui lui étaient infligés.

Le lendemain, je faisais équipe avec ma mère, qui m'accompagnait pour mon premier cours de ski. Je faisais connaissance avec mon moniteur, qui me présenta mon premier fauteuil-ski. Le fauteuil était composé d'une coque en fibre de verre, où j'allais prendre place en position assise, suspendue sur un châssis articulé sous lequel étaient fixés deux skis.

Deux moniteurs me soulevèrent de mon fauteuil roulant et me placèrent dans la coque du fauteuil-ski. Je me sentais très à l'étroit mais il le fallait, mon corps devait épouser parfaitement le siège pour ne faire qu'un avec lui. François, mon moniteur, m'attacha avec des sangles afin que je sois parfaitement tenu, et il me présenta deux bâtons avec des patinettes au bout, apparemment très importants dans cette discipline. Après les explications de base, je comprenais que ce ski-là n'allait pas être de la tarte, et que la technique était complétement différente de celle du ski alpin, que je pratiquais parfaitement depuis mon enfance.

J'avais débuté le ski et le snowboard très tôt et je possédais un très bon niveau. Lorsque je me retrouvai sur la piste, je fus dépité, c'était la piste baby, et cela faisait plus de trente ans que je n'avais pas mis mes skis dessus. Il fallait vite que j'oublie tout cela, c'était une nouvelle vie et un nouveau départ, il fallait que j'accepte de me retrouver au milieu de débutants. Mais c'était très compliqué pour moi, qui frôlais régulièrement le haut niveau dans différents sports et en particulier celui-ci, je prenais une fois de plus une grosse claque.

Le fauteuil était très instable, même à l'arrêt, et ce ski-là se pratiquait essentiellement avec les bras. Je ne prenais aucun plaisir, je n'avais aucune technique, et je compensais en forçant comme un bourrin. Il fallait constamment chercher le point d'équilibre et je comprenais maintenant pourquoi les patinettes étaient importantes, elles servaient à trouver cet équilibre et il ne fallait jamais les faire quitter le sol, sinon c'était la chute assurée. Elles servaient également pour tourner dans les virages, et pour finir elles me permettaient de freiner.

C'était vraiment très technique et il fallait choper le coup. Ça faisait très longtemps que je n'avais pas douté, mais là je doutais, je ne me sentais vraiment pas capable d'y arriver, je ne maîtrisais absolument rien. J'avais découvert un nouveau sport, mais j'étais loin d'atteindre un jour le haut niveau.

François me rassura et fut assez content de ma première sortie. Il m'expliqua que j'étais très courageux et volontaire, car j'avais, par rapport à d'autres handicapés qui s'attelaient à cette discipline, un handicap supplémentaire : j'étais un paraplégique complet et donc privé de mes abdominaux, ce qui faisait que je me retrouvais avec la sensation du toucher uniquement sur les parties les plus hautes du corps.

Si je voulais continuer, il allait donc falloir que j'investisse, en me faisant fabriquer une coque sur mesure, beaucoup plus haute, afin que le haut du dossier arrive au niveau de ma zone sensible, ce qui me permettrait de maîtriser l'ensemble du fauteuil-ski. La première leçon ne m'avait pas enthousiasmé, ça faisait très longtemps que je n'avais pas autant chuté sur une piste pratiquement plate, mais je devais continuer, et je décidai de faire fabriquer la coque sur mesure qui me correspondrait.

Je rentrai épuisé de tous ces efforts effectués en altitude, avec des douleurs neurologiques intenses, car la coque m'obligeait à adopter une position pliée peu naturelle, qui ne faisait qu'aggraver les douleurs déjà présentes. De plus, mon métabolisme avait dû en prendre un coup avec l'altitude, car je passai une nuit horrible, secoué de frissons et de nouvelles douleurs, qui me faisaient croire que j'allais mourir.

Par obligation, je devais faire un break en attendant ma nouvelle coque, j'en profitai donc pour me mettre au vert et rester quelques jours à Tarbes, auprès de ma famille.

Mon frère, Benjamin, avait profité de ma venue chez notre mère pour venir aussi passer quelques jours à Tarbes. Il habitait Paris avec sa femme et travaillait dans le milieu fiscal. Il a neuf ans de moins que moi et j'ai toujours été son modèle, malheureusement aussi, je lui ai peut-être toujours fait un peu d'ombre. C'était le petit dernier et il avait été un peu plus chouchouté, ce qui, je pense, ne lui avait pas vraiment rendu service. Contrairement à lui, petit j'étais assez solitaire et je baroudais seul, je voulais toujours être dehors et ne supportais pas de rester enfermé. J'avais appris à me débrouiller seul et j'étais vraiment très débrouillard. J'avais souvent un comportement d'enfant hyperactif et je ne tenais jamais en place. Mon frère, lui, était plus calme. Il travaillait très bien à l'école, contrairement à moi, qui me foutais éperdument d'apprendre. J'avais beaucoup de facilités mais je ne les exploitais pas, il me tardait plutôt de retrouver la cour de récréation pour me défouler, quelquefois me battre avec d'autres garçons ou jouer aux billes. Quand ma mère partait à l'hôpital pour travailler de nuit, nous nous retrouvions tous les trois seuls avec mon frère et ma sœur, et souvent Benjamin venait dans mon lit et nous dormions ensemble. Je me souviens de certaines fois où je devais lui mettre une couche avant de dormir quand maman n'avait pas eu le temps de le faire. Il m'arrivait parfois d'être réveillé par l'urine qui débordait de sa couche et je me retrouvais trempé en pleine nuit. J'avais participé à son éducation, et il me voyait forcément plus que notre père, qui était parti de la maison, du moins jusqu'à ce que je quitte Tarbes pour l'armée et le début de ma carrière professionnelle.

Pendant que je suivais ma formation au Centre de Formation de la Police Nationale de Perpignan, précisément en février 1994, mon frère, qui avait à l'époque presque douze ans, fut victime d'un accident de la circulation très grave, en allant à l'école à vélo. On lui diagnostiqua une lésion cérébrale et après trois semaines de combat il sortit du coma. Il dut tout réapprendre. Ma sœur, professeur des écoles, s'était démenée pendant des mois pour lui et avait mis tout en œuvre afin qu'il ne perde pas trop de temps au niveau scolaire et qu'il rattrape au plus vite son retard et ses oublis. Il avait une volonté de fer et progressait très vite. Son comportement avait changé, mais les médecins nous avaient prévenus qu'il aurait peut-être des séquelles. Elles pourraient disparaître avec le temps et pourraient peut-être aussi être irréversibles. Mon frère était devenu très stressé et angoissé. Il s'en sortait finalement très bien et n'avait perdu aucune année scolaire. Une thérapie de groupe avait été proposée par les médecins, nécessaire et parfois obligatoire d'après eux afin de faire le deuil de l'accident et pouvoir avancer dans la guérison. Benjamin refusait systématiquement, il n'y voyait aucun intérêt et n'en ressentait pas le besoin. J'aurais sûrement fait la même chose car je n'étais pas du genre à participer à des thérapies de groupe pour guérir. Je baroudais seul, et moi seul pouvais me sortir de ce pétrin.

Depuis que mon frère s'était installé dans la capitale pour travailler, je trouvais qu'il prenait de mauvaises décisions dans sa vie en général, et je me permettais de le lui dire, tout en respectant ses choix, car c'était sa vie et il était le seul maître de sa vie. J'étais déçu par ses réactions, souvent très agressives, j'aurais seulement souhaité qu'il prenne mes remarques comme de simples conseils. Quand il était plus jeune, il m'écoutait et souvent en prenait de la graine. Mais depuis son mariage, je pense qu'il voulait tout simplement se prouver à lui-même et nous prouver à nous tous qu'il était capable de s'assumer et de prendre ses propres décisions. C'était vraiment ce que j'attendais de lui, mais il n'avait pas compris qu'il n'avait rien à me prouver, il l'avait déjà fait en se battant après son accident et en m'ayant permis d'avoir encore à ce jour un frère.

Ce que j'aurais souhaité, c'est qu'il finisse son travail psychologique et qu'il soit heureux, sans ce stress, ces angoisses, ces questions qu'il se posait à longueur de journée. J'avais analysé mon frère depuis longtemps et j'avais décelé, selon moi, les failles qui lui pourrissaient la vie.

Les médecins, à l'époque, étaient persuadés que le refus de Benjamin de suivre cette fameuse thérapie était la cause de ses troubles quotidiens et ma mère était aussi un peu sceptique par rapport au traumatisme cérébral assez grave qu'il avait subi et pensait qu'il conserverait probablement à vie des troubles psychologiques irréversibles. Je n'y croyais pas une seconde, car mon frère, que j'avais vu comme un zombie à la sortie de son coma, était redevenu le même qu'avant l'accident, en conservant quelques troubles psychologiques tenaces qui le hantaient, mais qu'il pouvait, je pense, régler. Ce n'était pas irréversible, je ne pouvais pas le croire.

En tout cas je pouvais maintenant le penser, car j'étais passé moi aussi sur ce chemin de l'accident. Je savais qu'il fallait se faire du mal pour avancer, qu'il fallait oser se bousculer, en tout cas c'était la méthode que j'employais pour aller de l'avant. Il ne fallait pas camper sur ses lauriers, sinon c'était le retour en arrière assuré. Et moi, en plus des séquelles psychologiques je conservais des séquelles physiques, à ce jour irréversibles, c'était une double bataille et pourtant chaque jour j'avançais dans ma reconstruction.

Mon frère était sur la dernière ligne droite, depuis l'accident il restait dans le doute, et il manquait encore un peu de confiance en lui.

Il fallait lui redonner confiance et je ne pouvais aborder ce sujet avec lui, seul quelqu'un comme ma mère, avec qui il parlait en toute sérénité et confiance, pouvait le faire. Mon frère ne me parlait jamais de ses problèmes, je les apprenais toujours par ma mère ou ma sœur.

Le voilà donc qui débarquait avec ses valises, et on entamait les discussions de retrouvailles. Les conversations n'étaient pas très gaies et elles portaient essentiellement sur mon accident et mon état de santé. Mon frère, comme à chaque fois que je le voyais depuis des années, durant les vacances chez ma mère, était là, à attendre que le temps passe, souvent affalé sur le canapé à regarder des séries à la con. Il était très fan de séries comme Friends ou d'autres séries sans aucun intérêt pour moi. Je ne concevais pas, surtout venant de lui, que l'on puisse rester comme ça, sans rien faire ou accompagné de ces séries toute la journée. Il y a tant à faire et la vie est si courte. Depuis mon accident, je l'acceptais encore moins, c'était logique, je rêvais de bouger, de sortir de ce fauteuil roulant et d'aller courir pendant des heures, et je voyais mon frère glander.

Je pensais que si je lui avais fait passer une semaine dans mon fauteuil, il serait en train de courir. J'avais besoin de sortir avec lui, je lui tendais la perche pour que nous bougions ensemble, mais en vain, il ne comprenait pas. Sa présence ne m'aidait pas, bien au contraire. J'aurais tant aimé que mon accident le booste, et que ça l'aide à effacer ses problèmes et qu'il se mette à courir deux fois plus vite dans la vie en la croquant à pleines dents.

Cette vie si courte, et qui peut si vite basculer dans le drame. Malheureusement il n'avait pas eu le réflexe et j'espérais qu'il le comprenne un jour.

Connaissant mon frère, il avait peut-être adopté une méthode protectrice à mon égard en se refusant encore plus à utiliser ses jambes et son physique et en restant le plus immobile possible pour éviter de me frustrer.

Il voulait en quelque sorte se limiter dans ses mouvements et me ressembler afin d'effacer un maximum les différences et d'essayer de me faire oublier mon handicap.

Il avait adopté la mauvaise méthode car je rêvais justement que l'on bouge.

Il m'aidait comme il le pouvait en s'informant au mieux, à travers des revues et des articles qui parlaient des blessés médullaires et de l'avancée des progrès scientifiques. Il avait été très affecté par mon accident et espérait que je remarche un jour auprès de lui.

Je quittai Tarbes après cette semaine passée en famille, et j'allais retrouver mes femmes.

Je racontai à Caroline en détail ma première sortie de ski et je revenais en arrière sur mon engouement et mon envie de faire de cette discipline sportive mon moteur pour me reconstruire. J'avais envisagé, comme je ne faisais que le répéter, de me reconstruire à travers ce sport individuel, pour me prouver que je pouvais encore me surpasser en atteignant ce domaine que j'aimais tant: la compétition. Je lui expliquai que mon cerveau n'avait toujours pas assimilé que j'avais morflé physiquement et que mon corps n'exécutait plus les ordres qui lui étaient envoyés comme auparavant. Je me fatiguais rapidement et je n'arrivais plus à trouver de plaisir. C'était à vrai dire très difficile de ressentir de l'adrénaline dans cette situation, quand on avait connu le ski avec tout son physique et une très bonne maîtrise. Avant l'accident, lorsque je chaussais mes skis et que je dévalais les pentes, je ne rencontrais aucun obstacle, et l'adrénaline et le plaisir étaient tout de suite au rendez-vous. Maintenant, c'était devenu une grosse galère, ne serait-ce que pour s'équiper et intégrer le fauteuil-ski. Je devais me faire porter pour prendre position dans la coque, et skier était vraiment contraignant et trop physique pour moi dans mon état.

Malgré ça, j'informais Caro que je ne baissais pas les bras et que j'allais commander une coque adaptée à mon handicap, en espérant qu'au fil des séances je rencontrerai le plaisir et l'adrénaline.

Dans ma vie de valide, je ne trouvais jamais le temps de me poser et Caro d'ailleurs me le reprochait souvent. Elle était assez casanière et adorait se poser pour avaler des livres. Elle était capable d'en lire un en quelques heures. Elle était tout l'inverse de moi et elle utilisait essentiellement son côté intello dans ses loisirs, en laissant le sport de côté. Pour ma part, je considérais que c'était une perte de temps de bouquiner, et pourtant je savais pertinemment que se cultiver et s'instruire était très important dans la vie. Je détestais lire, et je préférais m'informer et me cultiver essentiellement par la télé, mais seulement à mes heures perdues.

Je me posais la question et je me disais que l'accident était peut-être arrivé pour me freiner et me permettre de me poser. Dans tous les cas, j'avais conservé toute ma tête et j'allais en faire double usage, afin de compenser mon handicap physique. Il fallait que je supporte la position assise dans le fauteuil toute la journée et que j'accepte de rester de longues heures au même endroit dans une pièce. Je n'avais plus le choix, et pour cela je me devais d'occuper mon cerveau et mon esprit, en les orientant plutôt vers des occupations culturelles et intellectuelles que sportives et physiques.

J'avais rencontré Caroline à Toulouse, lors d'une soirée au bar *Le quartier latin* dix ans auparavant. On était complètement différents mais on s'attirait. J'adorais son côté intello et elle portait des lunettes de vue Chanel, qui faisaient ressortir le fantasme de la femme secrétaire. On habitait tous les deux en centre-ville, chacun dans notre appartement, et après deux années à alterner entre un appartement et l'autre, on décida d'essayer de partager une vie commune. Quatre ans après notre rencontre, Charlotte naissait et nous rejoignait. Caroline est une épicurienne, et ne pratiquant pas de sport, elle a tendance à s'envelopper. Depuis son adolescence, elle ne se supporte pas, elle se voit toujours grosse et en excès de poids. Justement lors de notre rencontre, elle était vraiment bien proportionnée, un petit cul en version push-up et des seins magnifiques, vraiment de quoi faire bander tout un régiment mais déjà, elle se plaignait et ne se supportait pas. Je la rassurais comme je pouvais, en lui précisant que je n'avais pas l'habitude de me caser avec des boudins.

Après la naissance de Charlotte, tout s'était compliqué, je n'existais plus ou très peu. Caroline se laissait aller, un cercle vicieux se mettait en place, notre couple battait de l'aile. Elle prenait du poids et avait beaucoup de mal à l'accepter. La libido était devenue quasiment inexistante, Caroline cachait son corps, elle était complexée et ne se montrait plus toute nue devant moi. Elle se réfugiait derrière Charlotte. Elle était une mère exemplaire et s'occupait merveilleusement bien de sa fille, mais elle avait oublié notre couple et j'avais été mis en touche. On avait décidé d'agrandir la famille en mettant au monde la petite Chacha, mais à quel prix ? Je n'aurais jamais pensé que l'arrivée d'un enfant puisse démolir un couple. Caroline avait beaucoup changé et elle s'était exclusivement investie dans son rôle de maman, en oubliant tout le reste.

J'essayais de la ramener à la raison en entreprenant des discussions sérieuses et très directes, mais qui amenaient la plupart du temps au clash.

Avant l'accident, nous étions au bord de la séparation, mais depuis, l'accident nous avait rapprochés, avec d'autres objectifs, qui étaient de faire grandir notre fille dans le plus grand bonheur possible, aux côtés de son papa et de sa maman. On devait assumer, Charlotte n'avait pas à subir l'échec de ses parents, c'était à nous de nous serrer les coudes et d'affronter les problèmes. Je considère que les enfants ne sont pas faits pour rencontrer des problèmes si tôt, qu'ils ont largement le temps d'en avoir dans leur vie.

Caroline aujourd'hui est en surpoids, et elle est toujours obsédée par ses complexes. Elle n'arrive toujours pas à suivre un régime avec rigueur et se plaint toujours que c'est trop dur. Je ne supporte pas d'entendre ça, surtout quand moi, de mon côté, je bataille et je lutte en permanence dans mon fauteuil devant ses yeux, contre mon handicap et mes douleurs. J'aimerais tant qu'elle se serve de moi quand elle me voit me battre et souffrir, qu'elle refuse de baisser les bras après seulement quelques jours d'assiduité et qu'enfin, après tant d'années d'échecs, elle aille au bout et en sorte victorieuse.

Je voulais revoir Caro heureuse, avec une pleine joie de vivre, et me dire que finalement mon accident aurait servi à la booster et à lui permettre de vaincre définitivement ces complexes qu'elle traînait depuis de longues années et qui lui polluaient la vie. Au contraire, elle continuait et préférait subir, comme le frangin. Ça me foutait les glandes mais je ne pouvais pas non plus leur en vouloir.

Je recevais par contre souvent des remerciements d'amis, de gens que je connaissais, avec qui j'avais discuté après mon accident, et qui étaient très admiratifs du combat que je menais et de la belle leçon de vie qui en ressortait. Contrairement à Caro, ça les boostait et ils s'en servaient pour surmonter leurs problèmes, ils relativisaient en comparant mes soucis aux leurs. Mon drame leur permettait de dédramatiser les leurs.

Je sais pertinemment qu'il n'y a pas de degrés de douleur dans les problèmes, que cela dépend de l'individu, de son courage, de sa force, de sa volonté, de son caractère. Une personne faible ou tout simplement différente de moi pourra faire de ce qui est pour moi un petit problème, un gros problème, et tomber dans une dépression sans pouvoir affronter et gérer ce problème.

Je veux simplement montrer l'exemple, comme beaucoup d'handicapés, montrer que tout problème dans la vie peut être combattu grâce à la volonté, au courage et au temps. Quand j'entends encore les anciens dirent « avoir la santé c'est le principal », je me dis qu'ils ont raison et je les comprends mieux maintenant. Quand vous devenez vieux, vous sentez peu à peu la santé s'en aller et tous les gestes quotidiens vous paraissent plus difficiles et plus éprouvants à entreprendre. Je suis devenu comme eux et même pire, il ne me reste que les bras pour me déplacer, et à chaque mouvement j'ai l'impression de faire un effort surhumain, de soulever des montagnes, je m'essouffle très vite. Je viens de prendre quarante ans d'un coup et il faut l'accepter.

Je dois adopter une hygiène de vie et me tenir à une discipline stricte, dans mon alimentation par exemple. Lorsque j'assiste à une petite soirée, je me dois de limiter l'alcool, qui provoque chez moi des infections urinaires à répétition, et je dois être raisonnable sur les quantités de nourriture afin d'éviter des complications de transit. Il m'arrive de dépasser le raisonnable même sans trop d'excès, et c'est la sanction assurée, je suis condamné les jours suivants à un traitement médicamenteux pour les infections urinaires et à avoir le transit dérangé. Mon ancienne vie était souvent rythmée sur le « no limit », et là je ne dois dépasser aucune barrière. Je vis un vrai cauchemar, rempli de frustrations.

Peu de temps après mon retour à la maison, afin de me rendre utile et d'utiliser mes méninges, je me portais bénévole au sein de l'Association des Paralysées de France (APF), après m'y être rendu un jour pour un renseignement. Je rejoignais la direction, qui avait formé un groupe pour développer des idées et des projets au sein de l'association. Il m'arrivait de rencontrer des adhérents de l'association, tous invalides, et on abordait ensemble différents sujets, celui qui revenait en permanence était celui de l'intégration dans la société des personnes en situation de handicap.

En 1975, alors que Simone Veil était ministre de la Santé, elle avait fait voter une loi, le 30 juin de cette année, la loi 75-534, qui avait pour but de réglementer tous les aspects de la vie dans l'objectif de l'intégration maximale des personnes handicapées dans la société, afin qu'ils puissent se fondre dans le monde des valides et obtenir les mêmes droits. Les trois principes fondamentaux de cette loi étaient le droit au travail, le droit à une garantie minimum de ressources par le biais de prestations, et le droit à l'intégration scolaire et sociale.

Quarante ans après, les objectifs sont encore loin d'être atteints, et la France a beaucoup de retard par rapport à certains pays européens, tout cela à cause d'un manque de volonté des pouvoirs publics et des élus, qui de mandat en mandat, à gauche comme à droite, ne font que repousser les échéances et ne font pas du tout une priorité de ce dossier. Récemment encore, la loi sur l'accessibilité dans les établissements recevant du public vient d'être repoussée une nouvelle fois, pour plusieurs années.

Pour faire suite à nos discussions au sein de l'APF et essayer d'apporter des solutions, nous projetions justement d'effectuer des campagnes de sensibilisation dans la ville de Toulouse, en invitant des civils et des élus valides à prendre place dans un fauteuil roulant et à évoluer toute une journée dans la ville, dans le milieu urbain et dans différents établissements recevant du public, afin qu'ils se rendent bien compte de tous les obstacles qu'une personne à mobilité réduite peut rencontrer à Toulouse.

En l'ayant testée plusieurs fois depuis mon accident, je ne pouvais que confirmer que cette ville n'était vraiment pas adaptée et qu'il y avait énormément de retard en matière d'accessibilité. Vu la non-accessibilité, je ne me rendais pratiquement jamais à Toulouse, je fuyais tous les milieux urbains et je me réfugiais la plupart du temps à la campagne ou dans de plus petites villes, souvent plus accessibles, comme Tarbes, ma ville natale. À Toulouse, les rues piétonnes étaient pavées et donnaient de telles vibrations au fauteuil que mes douleurs neurologiques s'accentuaient, les trottoirs étaient trop étroits et remplis d'obstacles ou de crottes de chiens. Les places de stationnement pour handicapés étaient insuffisantes en nombre et souvent occupées, y compris par des gens valides. Quand on voulait se rendre dans un établissement ou un lieu public c'était également compliqué, le centre de Toulouse était vieux et protégé la plupart du temps par les Bâtiments de France, et donc exempté de travaux de mise en d'accessibilité.

Je discutais avec toutes sortes de personnes handicapées, des handicapés physiques ou mentaux de naissance, des handicapés qui étaient devenus invalides jeunes lors d'un accident de la circulation, ou des handicapés devenus invalides comme moi dans le tard, soit par un accident de la route, soit par un accident cérébral. J'analysais beaucoup nos débats et j'en concluais que nous souffrions tous, mais différemment. Finalement, le pire des cas à encaisser, je pense, était le mien. Ceux qui naissaient handicapés finalement n'auraient jamais à encaisser les souvenirs de leur vie de valides et ne paraissaient pas spécialement frustrés de ne pas être valides, ils étaient seulement dans l'ignorance et vivaient avec leur partenaire, le handicap, depuis leur naissance.

Le plus dur était de passer du monde valide à celui d'invalide. Nous arrivions, suivant l'âge auquel arrivait le drame, avec une valise remplie de souvenirs et c'est bien cette valise qui nous pesait. Il fallait s'en débarrasser mais ce n'était pas si simple, et la mienne était particulièrement imposante et lourde, elle avait quarante ans d'histoire à vider et à oublier.

Une valise de quarante ans d'histoire, on ne s'en débarrasse pas aussi facilement qu'une valise de vingt ans, ni qu'une valise de soixante ans. À vingt ans, je ne dis pas que ce n'est pas dur, mais vous avez moins vécu et du coup vous vous retrouvez avec moins de choses à évacuer et beaucoup moins de souvenirs restent ancrés dans votre mémoire et votre cerveau. Une personne qui devient handicapée sur le tard, à soixante ans par exemple, aura encore plus de souvenirs mais pourra relativiser, dans le sens où elle aura bien vécu, et qu'à soixante ans on peut considérer que les meilleures années sont maintenant derrière soi. Voilà ce que j'avais pu en ressortir et ce que je pouvais ressentir. Mon handicap était vraiment arrivé dans la plus mauvaise période de ma vie, car la quarantaine est l'une des meilleures périodes, si ce n'est la meilleure, dans la vie d'un valide.

Je quittais à chaque fois l'Association des Paralysées de France avec une force supplémentaire, que me donnaient certaines personnes qui n'avaient toujours connu que le handicap depuis leur naissance, et qui me paraissaient quand même très heureuses de vivre. J'étais assez fier également de participer à une bonne cause pour aider d'autres handicapés, qu'on essayait de rendre heureux à travers des projets qui aboutissaient à des activités, car chez eux ils se retrouvaient la plupart du temps seuls, dans la tristesse, la détresse, et ils venaient chercher à travers l'association des activités, du réconfort et des rencontres.

J'insistais auprès du directeur afin de lui faire comprendre qu'un handicapé avait tendance à s'enfermer chez lui, car il se sentait différent des autres et la plupart du temps rejeté. Nous étions dans une société agressive, individualiste et mettre le nez dehors pour un handicapé ou une personne à mobilité réduite était très compliqué, voire impossible psychologiquement pour certains. Après avoir quitté les centres de rééducation, je m'étais retrouvé confronté à la dure réalité du monde extérieur, et malgré mon fort caractère et mon mental de feu, j'avais eu beaucoup de mal à encaisser le retour à la vraie vie. C'est pour cela que je savais pertinemment que cette société, agressive et inadaptée pour nous, pouvait contraindre beaucoup d'handicapés à rester enfermés chez eux sans jamais voir personne. Nous nous devions d'aller vers eux, chez eux, afin de leur tendre la main, contrairement à beaucoup d'associations, où la personne qui désire adhérer doit se rendre directement. L'handicapé a besoin que l'on aille vers lui et qu'on le rassure, en lui proposant des services. Un bel outil était à notre disposition afin de les contacter : internet. La plupart des handicapés avaient une connexion internet, et il était du coup facile de rentrer en contact avec ces personnes, à travers la création d'une page, d'un blog qui présenterait nos activités et les inciterait à adhérer. Il fallait leur apporter du rêve, et c'est pour cela que je me portais bénévole afin de créer et proposer des projets ambitieux et magiques pour les personnes en situation de handicap. Je retrouvais ma personnalité dans cette fonction, car auparavant j'avais tendance à rendre beaucoup de services et à aider les autres. Ça m'allait bien, et ça contribuait bien à ma thérapie et à ma reconstruction.

L'hiver battait son plein, la neige était au rendez-vous dans les stations pyrénéennes, et j'avais reçu ma nouvelle coque de ski, après deux mois d'attente. Je reprenais donc le chemin des pistes, et dès la deuxième séance avec ce nouveau matériel adapté, je ressentais de meilleures sensations. Je me débrouillais bien, même très bien, et après la cinquième séance, je quittai la piste baby pour me rendre avec François, le moniteur, sur une piste bleue. Il était téméraire et voulait que j'affronte rapidement les pentes. On prit donc pour la première fois le téléski, pour lequel, sur un simple retrait de goupille, ma coque se désolidarisait du châssis et basculait vers l'avant pour permettre au téléski de passer en dessous. Dans un même temps, quand je sentais le téléski m'emporter, je basculais à nouveau vers l'arrière, pour que la coque prenne place sur le siège du téléski. C'était assez impressionnant, surtout quand vous vous asseyez sur quelque chose qui vous embarque et que vous ne sentez pas. François était un très bon moniteur, il expliquait très bien et je progressais très vite grâce à ses conseils, si bien que rapidement je dévalais les pentes seul, en forçant moins, et je commençais même à ressentir des sensations. J'en voulais toujours plus, mais je sentais bien qu'en altitude je fatiguais très vite, et que mon corps avait du mal. Je venais d'accomplir mon premier exploit sportif, skier, mais je savais maintenant que je devais garder pour le moment ce sport, et tous les sports en général, comme un simple loisir, car j'étais vraiment trop faible physiquement, et mes douleurs neurologiques m'accompagnaient à chaque mouvement. J'avais, dans ma vie de valide, l'habitude d'aller me faire mal, mais c'était de bonnes douleurs, des douleurs causées par le dépassement de soi, en allant puiser dans mes dernières ressources, de force et de mental, mais là c'étaient de mauvaises douleurs, créées par un corps qui avait été débranché, et qui n'était plus capable d'assumer beaucoup d'efforts physiques.

Je devais me résigner à changer d'optique, afin de trouver une occupation intellectuelle et non physique. Ma vie avait basculé, j'étais devenu un autre Emmanuel Siaux.

Ma décision était prise, je forçais mon esprit à quitter le monde du sport qui m'était cher, c'était toute ma vie, mais c'était l'autre vie, celle d'avant, j'étais désormais vraiment trop abîmé, et je souffrais trop pour effectuer une discipline dans le handisport, comme beaucoup de paraplégiques le font. J'avais malheureusement tout récolté : le handicap et en plus toutes ces douleurs neurologiques inimaginables, qui pourrissaient encore plus ma nouvelle vie. Avoir perdu mes jambes n'est plus forcément un problème pour moi, ce qui m'enverra à la morgue ce seront plutôt ces douleurs insupportables qui me rendent fou, elles me fatiguent et m'empêchent souvent d'avancer. Mais je me raccroche constamment à l'espoir, j'espère un jour me réveiller et ne plus rien sentir, être libéré de cette torture perpétuelle.

Je ne sais pas combien de temps je tiendrai si ces douleurs comptent persister, mais je crois que je n'aurai pas le courage de tenir encore de nombreuses années. Actuellement, je me comporte comme un guerrier pour aller jusqu'au bout du procès. Je me bats simplement pour que l'assurance m'indemnise comme il se doit. Je pourrais récolter tout l'argent du monde, ça ne suffirait pas pour remplacer mes jambes et indemniser toutes mes souffrances. Je veux seulement que l'assurance paie pour son comportement inhumain, lorsqu'elle refusait de faire des avances pécuniaires qui m'auraient permis d'effectuer quelques travaux d'accessibilité à mon domicile afin de pouvoir vivre plus rapidement dans de meilleures conditions. Je souhaiterais également que Charlotte et Caroline en profitent et qu'elles n'aient pas, dans les années futures, si ma santé se dégrade, à engager des frais médicaux et des frais d'auxiliaire de vie.

Durant cet hiver, quand je rentrais de mes séjours au ski, je me rendais compte que Caroline avait du mal à assumer toutes les tâches quotidiennes, car elle avait depuis quelque temps un deuxième enfant, de 41 ans. J'avais déposé un dossier au service des affaires sociales de la Police Nationale, afin de bénéficier d'aides pour obtenir une auxiliaire de vie. Ça urgeait, car Caroline commençait à être sur les rotules, il fallait qu'elle nettoie seule la maison, qu'elle entretienne seule le jardin, qu'elle s'occupe seule de Charlotte et qu'elle assure en plus les missions d'une auxiliaire de vie, par exemple me préparer à manger car je n'avais accès à rien, m'aider pour m'habiller en préparant et mettant à ma portée mes vêtements, me préparer le matériel nécessaire à mes soins quotidiens, ainsi que toutes les autres tâches qu'un homme se doit de faire dans une maison et que j'effectuais auparavant. Après plusieurs semaines, je finissais par obtenir une réponse positive de l'administration et la mise à disposition d'une aide à domicile. Caroline fut soulagée par cette aide et nous retrouvâmes petit à petit une meilleure qualité de vie.

Ça faisait plus de deux ans maintenant que mon accident s'était produit, et mon état devenait stable. Je ne me sentais plus évoluer, il me fallait vivre dans cet état. Il me restait quelques petits réglages à faire, comme les deux ongles incarnés que je devais me faire enlever, qui s'étaient formés sur les deux pouces de mes pieds, car lorsque je me levais le matin je chaussais du quarante-deux et le soir, du quarante-trois. Mes pieds gonflaient énormément, malgré les bas de contention que je portais toute la journée, et de plus, étant devenu insensible, je ne m'apercevais pas que mes pieds se blessaient en journée dans mes chaussures. Je devais donc faire un investissement supplémentaire, en remplaçant toutes mes chaussures par des plus grandes, après avoir dû renouveler tous mes pantalons. C'était pareil pour le haut, je dus changer toute ma garde-robe, car étant assis en permanence dans mon fauteuil, je m'étais tassé et élargi, il me fallait donc des pulls et des tee-shirts plus larges, des manteaux très courts et bien sûr, toute une collection d'écharpes et de bonnets à cause de mon thermostat défectueux. J'avais les boules, je ne supportais pas de voir mon physique dans cet état, alors que tout au long de ma vie je l'avais entretenu et respecté, sans jamais me laisser aller. Je m'étais épaissi donc je n'avais plus à trop craindre les escarres, qui se forment essentiellement sur les personnes maigres avec des os saillants qui leur rentrent dans la peau. Je bataillais de temps en temps avec des infections urinaires, mais je ne les traitais pas systématiquement, car il fallait parfois aussi laisser agir les défenses immunitaires. Traitées ou pas, toutes en tout cas m'apportaient des douleurs supplémentaires.

De son côté, ma tante s'était fait opérer et avait subi l'ablation du sein gauche, mais ses derniers examens étaient bons, elle était sauvée. Elle avait vaincu le cancer, et devait maintenant faire de la rééducation chez un kiné et opter pour une prothèse mammaire, dans l'attente peut-être un jour d'une intervention de chirurgie esthétique. Elle s'en foutait, elle voulait simplement se retrouver en bonne santé, et être en pleine forme pour mon procès. Afin de compléter mon dossier pour être prêts le jour de la date d'appel, que nous ne connaissions toujours pas, il nous manquait une expertise, qui devait étudier le dossier du crash-test de la société AXA, afin de prouver et de contrer, par des arguments cette fois cohérents, les aberrations contenues dans le dossier de l'assureur. Nous trouvâmes rapidement à Toulouse une société d'expertise spécialisée dans les accidents corporels, qui allait se charger d'effectuer à son tour une expertise se rapprochant au mieux de la vérité, des causes et des circonstances de l'accident.

Mais un accident reste unique, et ces expertises ne font que se rapprocher de la vérité sans jamais fournir la réponse parfaite. Les expertises se font toujours par des calculs physiques, la projection du corps, l'enfoncement de la carrosserie, les dégâts apparents, les traces de freinage au sol…

Ces expertises ne donneront que des résultats approximatifs, mais quand on regarde les crash-tests d'AXA, on peut se rendre compte, sans être un expert, qu'il y a, dans tous les résultats, de l'exagération en leur faveur. Ils voulaient tout simplement me faire porter une part de responsabilité, en faussant ma vitesse afin de la rendre excessive, pour démontrer que leur client ne s'était pas arrêté car j'étais arrivé trop vite pour qu'il ait eu le temps de me voir.

Avec ma tante, nous étions confiants, car lors de ma première convocation au tribunal, le procureur avait déjà trouvé irrecevable et aberrant ce dossier de crash-test fourni par AXA, mais ma tante voulait vraiment s'assurer de gagner le procès, et par sécurité elle avait décidé de faire appel à cette expertise complémentaire. Elle ne voulait surtout pas que l'on m'accuse de la moindre responsabilité, ce que je refusais également.

Peu de temps après, je reçus un coup de téléphone de Monsieur Pourailly, directeur départemental de la Sécurité Publique, qui était mon grand patron et le grand patron de l'Hôtel de Police. Il était très attentif à l'évolution de ma santé et avait, je pense, été touché par mon accident. Je le connaissais, car nous avions souvent des missions communes, lorsque nous, les motards, allions régulièrement prendre en charge un voyage officiel avec une ou plusieurs personnalités. Ce jour-là, il m'appelait pour parler de ma reconversion professionnelle. Il savait que je souhaitais intégrer la formation, et ne pouvant pas intégrer l'École Nationale de Police de Toulouse faute d'accessibilité, il me proposait d'intégrer le Centre Départemental de Stages et de Formation de la Police Nationale, qui lui, demandait peu de travaux pour le rendre accessible. Ma réponse fut un « oui » immédiat, car je connaissais très bien ce centre, et je m'entendais très bien avec sa directrice et les formateurs déjà en place. D'après les dires du directeur, les formateurs m'attendaient avec leur directrice, les bras ouverts et très honorés que je fasse partie de leur équipe. J'étais content de cette bonne nouvelle, j'allais enfin pouvoir de nouveau travailler et me sentir utile pour la société. Je remerciais le DDSP car je savais qu'il voulait clôturer mon dossier de reconversion professionnelle avant de partir, il venait d'être muté à Lyon. Je m'étais vraiment pris d'affection pour lui, car c'était un homme avec beaucoup de charisme et de droiture, comme je les aime. Dans toute ma carrière j'avais rarement rencontré des DDSP avec cette prestance.

Quinze jours plus tard, je reçus à mon domicile la visite de Jacqueline, la directrice du CDSF, qui m'annonça mon intégration au centre, si je le souhaitais. Les budgets pour les travaux d'accessibilité avaient été signés par le ministère, et les travaux allaient commencer dans les prochaines semaines.

Bien entendu, je confirmai mon désir d'intégrer le CDSF, et elle me présenta déjà les premiers dossiers et projets que j'allais avoir à traiter. Jacqueline me connaissait bien, elle m'employait sur les stands police lors des forums de métiers. Dès les travaux terminés, j'allais pouvoir intégrer mon bureau, selon le rythme du mi-temps thérapeutique. Bien entendu, suivant mon état de santé, mes douleurs neurologiques et tous les petits problèmes de ma nouvelle vie, je pourrais adapter mon emploi du temps. Il me tardait maintenant de travailler, de revenir au contact de gens et de retrouver des collègues.

Peu de temps après, je me rendis à Lyon pour la finale des rallyes professionnels, organisée par la Fédération Nationale des

Clubs Motocyclistes de la Police Nationale, qui m'avait invité. Chaque année, en tant que membre fédéral et team manager de l'Équipe de France, j'assistais aux finales, mais cette année était particulière, car depuis mon accident, je n'assumais plus ce poste et je venais cette fois en tant qu'invité d'honneur.

Et quel honneur, le club avait fait faire la nouvelle carte d'adhérent à mon effigie, avec une photo de moi en pleine attaque lorsqu'en 2003, sur le mythique circuit du Mans, j'avais fait une belle course qui m'avait amené sur la troisième marche du podium. Anne-Marie Spitz-Beausse, la présidente du club, me remit ma nouvelle carte d'adhérent, elle portait le numéro 0000, une future carte collector. Pendant dix ans, ces cartes porteront ma présence et seront distribuées partout en France, dans les différents clubs régionaux. J'étais très ému, surtout que je me retrouvais entouré, lors de cette remise, de plus de deux cents collègues qui m'applaudirent et m'ovationnèrent. Je n'oublierai jamais ce moment fort, et j'adresse encore un grand merci au Club pour ce geste si touchant.

Je rentrai à Toulouse encore ému, avec mon ami Hervé, mon ancien team manager du temps où je courais en rallye, et ma tante m'informa que la date d'appel venait de tomber : le 9 novembre. C'était dans moins de deux mois. On était prêts, il nous manquait seulement la dernière expertise, celle visant à contrer le crash-test. Marie-Hélène avait vraiment retrouvé la forme, elle avait repris le travail et je la sentais, après l'épreuve qu'elle venait elle aussi de subir, encore plus forte et déterminée à assommer AXA.

Moi aussi j'étais prêt, je voulais en finir. On était à deux ans et demi de l'accident, et il était temps d'avancer car il fallait absolument gagner ce procès au pénal, pour démarrer le procès au civil et non nous retrouver en cassation et repartir pour un épisode de plus.

Épilogue

Je tiens à vous reparler de certains signes troublants avant mon accident, qui m'étaient envoyés à toute heure de la journée, avec ces chiffres doubles. Des chiffres doubles qui se manifestaient à travers l'heure ou les plaques d'immatriculation des voitures, et qui peut-être me signalaient un événement à venir. La plupart du temps, c'était le chiffre 22 qui revenait, mais les autres doubles, comme le 11, le 33, le 44, le 55, le 66, le 77, le 88, le 99 étaient là aussi. Ça devenait usant, et j'étais parfois déstabilisé, je croyais devenir fou. Je vous rappelle que mon accident a eu lieu un 22, que je suis né un 22 et Caro aussi, j'ai toujours 22 vertèbres paralysées à ce jour, j'occupais la chambre 222 en réanimation, ma grand-mère a été enterrée un mois après mon accident, le 22 mars, et je peux vous dire que dans ma nouvelle vie, ça continue. Du coup, j'en fais souvent profiter mon entourage, qui commence à halluciner. Quand on mange au restaurant, le numéro de la table est toujours un chiffre double, l'addition comporte un chiffre double, et au-delà dans ma vie courante, les notes, les factures aussi. Si vous circulez avec moi, quasiment toutes les voitures qui croiseront ma route, dans un rond-point par exemple, ou sur une priorité, auront une plaque comportant un chiffre double. Je le prends maintenant positivement, et quand je vois un chiffre double, je l'interprète comme si c'était le bon cheminement de ma nouvelle vie, les chiffres doubles font partie de ma vie et me guident. J'espère qu'ils m'amèneront une réponse un jour, et au bout de l'histoire, je veux savoir si une explication va m'être donnée ou si je vais finir noyé dans les chiffres ou si cela n'est que le fruit de mon imagination. Je ne pense vraiment pas être fou et je crois avoir toujours la tête sur les épaules, mais je vous l'accorde, ça paraît invraisemblable, pourtant je ne suis plus le seul à le subir, Caroline est souvent aux premières loges et assiste aussi au défilé de chiffres doubles. Je n'ai toujours pas consulté un spécialiste en numérologie mais je le ferai un jour, car il pourra peut-être m'apporter une réponse, ou du moins un éclaircissement.

Je me suis renseigné sur le chiffre 22, à travers divers articles de numérologie, et une signification qui se répète m'interpelle, car le chiffre 22 correspond vraiment à ma vie.

Le chiffre 22 représente : « La vibration, le nombre de l'évolution, cette puissance double par la répétition des chiffres et par la vibration lumineuse. Celle qui scintille comme une étoile, nous guidant vers la vérité intérieure, une clarté évidente de soi, après avoir passé l'ouverture et l'épanouissement. Cette dernière étape de l'évolution nous conduit à la vibration 22, qui contient dans son essence le chiffre 0, c'est-à-dire le passage à vide, l'inconnu, c'est le passage vers une autre étape, plus évolutive, en se libérant du passé, pour aller vers le nouveau, vers l'étoile de la vérité de notre étincelle divine. »

Cette description du chiffre 22 me fait en quelque sorte flipper, mais je suis curieux, car c'est tout à fait le chemin de ma vie jusqu'à ce jour, du moins comme je l'interprète. Mon ancienne vie était arrivée à son terme et à son plein épanouissement et là, au milieu de celle-ci, le chiffre 0 est apparu, avec mon accident, le vide, l'inconnu. Je suis passé dans une autre vie, une autre étape, en me libérant du passé, de ce monde valide, et je vais apparemment évoluer et me tourner vers l'étoile de vérité de mon étincelle divine. J'ai également trouvé ceci : « Le chiffre 22 concerne l'équilibre, la manifestation de miracles et de nouvelles opportunités. Quand le chiffre 22 se répète dans votre vie, cela signifie que les anges vous invitent à acquérir une approche équilibrée, harmonieuse et pacifique dans tous les domaines de votre vie. Leur message vous dit de garder la foi et de rester ferme quant à vos vérités personnelles. »

Un beau programme, auquel je me sens obligé de me raccrocher, avec toutes les contraintes de ma nouvelle vie d'invalide.

Voilà, ma vie est rythmée maintenant, entre les doigts au cul du matin et du soir, le lavage au gant, l'habillage et le déshabillage que je fais au lit en position allongé et qui sont une vraie galère, surtout sans les abdos, le café du matin, les exercices physiques de kiné, l'occupation de mon temps en utilisant mon esprit, par de la lecture ou par le net, en attendant de reprendre le travail. Ma nouvelle vie, je ne l'aime pas trop mais je commence tout doucement à prendre un peu de plaisir à pouvoir prendre du temps pour m'informer sur différents sujets de la vie. Je suis passé en mode cérébral et intellectuel.

Afin d'avancer, je me raccroche à deux choses. La première est cette fameuse numérologie, qui m'envahit et qui donne l'impression d'être très importante, pour donner un sens à ma vie en me guidant.

La deuxième chose n'est pas Dieu. Je ne crois pas en Dieu, en aucun Dieu, mais je respecte ceux qui y croient. Ça leur permet, à chaque moment difficile de la vie, de se rattacher à quelque chose. Je n'ai pas la même philosophie que tous ces croyants, lorsque je me retrouve confronté à un gros problème dans la vie, je n'en réfère à personne, je l'assume et je l'affronte seul. Je vois mal Dieu venir me redonner mes jambes. Déjà, je ne pense pas avoir fait du mal sur cette terre au point d'avoir perdu mes jambes, c'est pour cela que je pense que si Dieu existait vraiment, il ne me les aurait jamais enlevées. Je ne comprends pas non plus ceux qui croient en Dieu et qui, le jour où ils se trouvent confrontés à un drame, se mettent en colère en mettant tout sur le dos de Dieu. Nous savons tous que la vie n'est pas toujours un long fleuve tranquille et qu'il faut accepter de vivre les moments difficiles comme les moments de bonheur, c'est ça la vie.

Je constate que le corps humain est vraiment une super machine. Depuis mon accident, je ne me reconnais pas, je compense mon handicap physique et développe un esprit plus profond et philosophique. Au fur et à mesure que j'avance dans ma nouvelle vie, des phénomènes inexplicables comme les répétitions de numéros se présentent à moi et je suis très intrigué, curieux de pouvoir apporter une réponse. D'ailleurs, en fouillant à travers le net et certains bouquins, j'ai trouvé mon guide. J'adore sa théorie et elle correspond à ma vie et à certains phénomènes que j'ai rencontrés et que je rencontre encore. La deuxième chose à laquelle je me raccroche donc, et qui me paraît assez plausible, est la théorie de la synchronicité.

Le fondateur de la théorie de la synchronicité, Carl Gustav Jung, est né le 26 juillet 1875 en Suisse, et nous a quittés le 6 juin 1961. C'était un médecin psychiatre, fondateur de la psychologie analytique, et un des pionniers de la psychologie des profondeurs. La psychologie analytique est une théorie psychologique qui propose de faire l'investigation de l'inconscient et de l'âme, c'est-à-dire l'investigation de la psyché individuelle. La psyché est l'ensemble des manifestations conscientes et inconscientes de la personnalité d'un individu.

Il souligne le lien existant entre la structure de la psyché, c'est-à-dire l'âme et ses productions et manifestations culturelles. Ce qui me rattache à lui, comme je vous disais, est la notion de « synchronicité », qu'il a mise en évidence tout au long de sa vie.

La synchronicité est la coïncidence d'au moins deux événements qui ne présentent aucun rapport de causalité, mais dont la survenue prend un sens pour la personne qui les perçoit. Elle expliquerait l'étrange pouvoir des coïncidences, ce qui correspond à tous les phénomènes que je rencontre depuis l'accident.

La synchronicité peut se trouver dans un événement qui semble dépourvu de sens au moment où il survient, mais qui se révèle plus tard de la plus haute signification, comme l'histoire d'Abraham Lincoln, qui ayant été pris de compassion pour un homme contraint de vendre ses biens, lui acheta un tonneau au prix qu'il en demandait, soit un dollar. Il ne l'interrogea jamais sur ce qu'il contenait, mais le garda chez lui et l'oublia. Des années plus tard, Lincoln traversa une longue période de confusion et d'indécision, hésitant entre une profession juridique et le journalisme. Au milieu de ce dilemme, il remarqua le tonneau, qu'il ouvrit machinalement. Il contenait une pile de livres de droit. Lincoln y vit un signe et intégra donc le milieu professionnel qui allait le conduire à la politique et plus tard à la présidence. Les nombreuses synchronicités de la vie de Lincoln et de celles de la plupart des grands personnages montrent à quel point la synchronicité dirige notre destinée.

La synchronicité peut surgir sous la forme d'un rêve qui répond à une question préoccupante, ou d'un rêve qui prédit l'avenir.

La synchronicité se manifeste dans des décisions soudaines ou spontanées, que nous prenons sans savoir pourquoi, et qui se révèlent plus tard signifiantes.

La synchronicité apparaît dans une coïncidence inhabituelle qui se révèle ensuite nécessaire ou adjuvante.

La synchronicité peut apparaître comme une réponse à une question sur le futur ou sur la réalité d'un monde spirituel.

La synchronicité se manifeste dans notre façon de trouver notre destinée par le biais des gens et des événements.

Il y a de la synchronicité dans la façon dont un handicap physique ou une blessure émotionnelle deviennent le début de notre mission dans la vie ou du déploiement de nos talents. L'archétype du guérisseur blessé prospère sur cette synchronicité, et bien entendu c'est à cette synchronicité que je me raccroche aujourd'hui pour donner un sens à ma vie.

Les malheurs de certains patients de Jung, comme le cas d'Helen Keller, une femme sourde et aveugle, ou encore le cas de Christy Brown, atteint d'infirmité motrice cérébrale et incapable de se servir de ses mains, qui utilisa son pied gauche pour exprimer son talent de peintre et d'écrivain – raconté dans le film *My left foot* – furent les catalyseurs qui permirent à Jung de trouver sa destinée et de mettre son talent au service des autres.

J'espère en tout cas que mon handicap me servira à me découvrir par l'intermédiaire de nouveaux talents cachés, qui me permettront de donner un nouveau sens à ma vie et de m'épanouir, des talents que je n'aurais jamais soupçonnés quand j'étais valide, et pourquoi pas, peut-être pourrais-je même rendre service à la société, afin que soit justifié ce long combat pour que je sois encore en vie ?

Chacun dans notre vie, nous avons pu être maltraités dans l'enfance et nous demander maintenant comment cela nous a aidés à devenir plus forts et à montrer davantage de compassion envers les autres. «J'ai été négligé, ce qui m'a appris à être autosuffisant. J'ai été exclu, et je suis donc attentif à inclure les autres. » Nos blessures sont souvent les ouvertures vers la meilleure et la plus belle partie de nous-mêmes. Nous nous rappelons tous la cruelle marâtre des contes de fées. Dans un conte, cet archétype est souvent un élément nécessaire pour que le héros ou l'héroïne devienne un personnage puissant et riche. Ces histoires commencent souvent par une blessure, une perte ou une injustice, et se terminent par des actes héroïques de restauration et d'amour qui transmettent des dons. « Il faut précisément tout ce mal et toute cette douleur pour que survienne la grande émancipation », disait Nietzsche.

La synchronicité peut nous ouvrir à notre travail psychologique ou à notre sentiment d'un monde situé au-delà de la pensée scientifique rationnelle.

Un jour, une des patientes de Jung, une jeune femme résistante à sa forme de traitement transpersonnel archétypal, parce qu'elle était trop « dans sa tête », lui confia un rêve qu'elle avait fait, où elle tenait dans sa main un scarabée doré. Tandis que Jung l'écoutait, il fut distrait par le tapotement d'un insecte contre la vitre. Il ouvrit la fenêtre et l'insecte entra dans la pièce. C'était un scarabée exactement similaire à celui du rêve de sa patiente. Ils virent l'un et l'autre la synchronicité dans cet événement, et la patiente devint à partir de ce jour plus ouverte à la dimension spirituelle de sa vie.

La synchronicité est à l'œuvre quand quelque chose survient qui donne substance à une croyance ou à une philosophie de la vie, et en ce qui me concerne quelque chose s'est déclenché et est survenu dans ma vie, entre les signes de numérologie qui me guident et certains événements nouveaux que je rencontre, qui ne présentent aucun rapport de causalité et qui finissent pourtant par prendre un sens dans ma vie. C'est pour cela que je me raccroche à Jung et à sa théorie de la synchronicité.

Pour ceux qui s'intéressent à ces théories, je vous invite à consulter les écrits sur la synchronicité de David Richo, psychothérapeute américain que je viens de citer, à travers son livre *Les pouvoirs des coïncidences.*

Me voici maintenant livré à mon destin, à ma nouvelle vie, avec ses contraintes physiques et morales, mon corps qui souffre, mes douleurs, l'atteinte à ma liberté car je ne peux plus aller où je veux et quand je veux, condamné à rester assis et à attendre les progrès de la science, privé de ma virilité, de sexe, de bonnes bouffes et de bonnes fiestas, de sport, de loisirs extérieurs, de ma sensibilité sur pratiquement tout le corps, privé de ressentir l'envie d'uriner ou de déféquer... et avec cette condition physique qui me lâche, pour laisser s'installer une fatigue permanente renforcée par le moindre effort...

À cause de toutes ces contraintes, je suis obligé de rester la plupart du temps chez moi, et j'occupe le cérébral pour que le temps passe plus vite.

Charlotte est là, elle est ma force, mon moteur et Jung aussi, ils me motivent tous les deux.

Charlotte, que j'aime plus que tout, je veux la voir grandir et assumer mon rôle de père.

Jung et sa synchronicité m'incitent à m'accrocher, et j'espère que sa théorie se concrétisera et que je trouverai rapidement un sens à ma vie et un épanouissement total.

J'essaie également, avant qu'elles me tuent, de calmer, au moyen de l'hypnose Ericksonienne, ces foutues douleurs neurologiques et allodyniques, qui pourrissent ma vie, qui se sont installées depuis mon accident, et ont décidé apparemment de prolonger le bail.

Je m'aperçois, au fil de ma reconstruction dans cette nouvelle vie, qu'il faut que je maîtrise mes émotions, mes excitations, car au lieu du bien-être qu'elles devraient m'apporter, elles me provoquent, lorsqu'elles sont intenses, des douleurs, l'envie de vomir et la tête qui tourne. En quelque sorte, je ne peux plus me permettre d'avoir des moments de sensations très intenses...

Tous ces écrits m'auront permis de poursuivre ma thérapie, en vidant mon sac et en évacuant toutes les souffrances que j'ai rencontrées et gardées. J'espère qu'à travers mon histoire le monde valide et la société en bonne santé se rendront compte des épreuves que subit un accidenté de la route, qui se retrouve du jour au lendemain – alors qu'il n'avait rien demandé à personne

– paralysé et condamné à rester sur un fauteuil roulant jusqu'à la fin de sa vie.

Je remercie tous mes proches, ma famille et mes amis, qui m'ont soutenu et qui continuent à me soutenir, en leur disant que je les aime. Pour les autres, ceux qui se sont effacés de ma vie après mon accident, ils sont nombreux et ils se reconnaîtront, je leur souhaite de ne jamais se retrouver dans ma situation, mais je veux seulement qu'ils sachent que j'ai conservé en totalité mon cerveau et mes neurones, et que je sais encore qui ils sont.

Je voudrais que la société et les pouvoirs publics prennent conscience que le monde du handicap est encore trop laissé de côté, et qu'à notre époque il est vraiment temps de bouger les lignes, en rendant plus accessible le quotidien et en ouvrant les portes à ce monde, qui ne demande qu'à se faire accepter pour exister.

Couverture. : .Priscilla. Bergès. - .PRIXIL
Mise. en. page. : .Quentin. Lathière
Dépôt. légal. : .mai. 2016

Photo. de. la. couverture. : .©. iStockPhotos

Achevé. d'imprimer. par. CPI. pour. Publishroom
N° d'impression : 136608

Imprimé en France